JN033850

真癒トゥルー・ヒーリング

真癒（しんゆ）

——キリストの癒やしに迫る［原因療法］伸展の歩み

荒尾 和秀

知玄舎

はじめに

長年、治療を行ってきて色々な場面に遭遇し、経験し、理解してきました。

世の中には多くの書籍がありますが、私が感じているところでは、健康関連の書籍は比較的過剰な内容であったり、信憑性の薄いものであったり、無責任な提案のものが多くあるようです。

例えば、書籍の著者が実際に体験したことであっても、自分一人だけのわずかな経験の中で分かったことは、確認作業が不十分であったりエビデンスが限定的です。そのような健康情報には客観性が乏しく間違いもたくさんあります。

そこで私は、間違いないと信念を持って思えることを充分に確認し、この本に認めました。

カイロプラクティック発展者と言われるB・J・パーマー先生のように数多くの臨床と深い洞察をされて確立した理論を礎としての論考が本当に必要なのです。

私がこの本に書いた内容につきましては、その点、優れた先達の臨床事例にも基づいて、充分な検証をしてきたものです。きっと読んで頂ければその確実性の高い内容であることは、多くの方に理解していただけるものと思います。

ただし、まだ一つ、分からないことがあります。それは、私が原因療法にこだわっているために、対症療法をマイナスに考えていることです。対症療法よりも原因療法が有効であることは間違いないのですが、より早い治療結果を得るために、ある程度は対症療法を利用するべきかどうか、考えています。それが私にとっての今後の課題であると感じております。

さて、本文に入る前に、前もってお断わりさせて頂きたいことがあります。書名にキリストの名が出ていることで、宗教的な誤解をして頂きたくないということです。本書の書名として最初は、『真癒 True Healing イエスの癒やしに迫る・原因療法伸展の歩み』と、知玄舎の小堀社長よりご提案をいただきました。私はその書名に驚いたほどですが、私の想いに合致するものですので、有り難く採用させていただくことにしました。ただ、人名「イエス」に敬称をつけず表示すると失礼になると思い、「ブッダ」とともに心から深く敬愛している聖名「キリスト」に変えてもらい、本書の書名としました。

本書は、イエス・キリストの行った奇跡の一部を紹介させていただいておりますが、私はクリスチャンではありません。私の実家は、仏教で臨済宗でした。そして郷里は熊野であるだけに熊野三山の大社は身近な存在であり、神道への信仰も比較的深いものがあります。そういえば、幼稚園はキリスト教系でした。有り難いことに、うまい具合に仏教、神道、キリスト教と、一通りの縁を頂いています。つまり私は、宗教的にはニュートラルな立ち位置にあります。ただ、聖書における癒やしの事蹟においてイエス・キリストを偉大であると感じているので、本書で紹介をさせていただきました。

キリストの事績は信じられないほどの内容です。私は、まずは信じて自分自身の目標にしています。人間として無限の可能性を信じることは素晴らしいことだと思っています。そうすることで、夢を持って生きています。

私は癒やしを行うものとして、クライアントのために、イエス・キリストに一歩でも近づいたヒーラーになりたいと願っています。何しろ私は癒やしが仕事です。ご縁ある方の期待にしっかりとお応えしたいです。

そのために、尊敬するヒーラーである、マクドナルド・ベイン師の著書『ディヴァイン・ヒーリング』を座右の書とし、その教えを参考にして、日々理解を深めております。

これからも、真癒ヒーリングは、研究を深め、より効果的で、正しい身体の理解をご提供できるものにしたいという願いを持っております。まだ、完成したものではありませんが、ここに、今現在までの私の治療家としての理解を、皆様にお届けいたします。本書の内容が、少しでもお役に立てれば嬉しく思います。

令和3年1月

荒尾　和秀

目次

第三章　真癒ヒーリングになってからの変化　53

第五章　真癒ヒーリングの探究　127

第七章　真癒ヒーラー講座のすすめ　203

第八章　真癒から神癒への道　233

第一章　ヒーリング——ディヴァインと真癒

◎ヒーリングの真実とは

Beyond Himalayas　マクドナルド師　著より抜粋

「全ての形態は、見えない物質から生じています。
この物質はすべての形態の基礎となっており、それから離れた形態はありません。
見えない物質は、
それについての意識を変化させることによって、凝縮し固体にできるのです。
同様に、個体の物質も、
同じ過程を逆にすることにより、溶解されて見えない物質になります。
どんな病気であっても、原因と治療を考える時、
心の病気、身体の病気を問わず、
物質は、私達の考えや感情に応じた形態にできる、
ということを、心に留めておかなければなりません。
心の働きの過程を完全に理解することにより、
過ちの結果であるどんな状態をも、消滅させることができるのです。」

愛一元

◎真癒かディヴァイン（Divine）か？

数ケ月のあいだ、この問いを自分自身に何度も何度も繰り返していた。

「真癒？」「ディヴァイン？」、さてさて、どちらにしようか……？

私は、対症療法から始まって原因療法に辿り着きました。

一般的に広まっている背骨を矯正するカイロプラクティック「ディバーシファイド・カイロプラクティック」、続いて頸椎５番と骨盤を矯正するパーマー系カイロプラクティックの中の「ピアース・テクニック」、その後「仙骨療法」で開業。そして十年後にたどり着いたのが、波動によって脳幹を活性化する「原因療法」でした。

これらの療法を学び、実際に臨床で治療をして来た経験から、原因療法であることの大切さを心から感じるようになりました。

症状を取り除くことのできる対症療法も素晴らしいのですが、原因療法という本人の持っている生命力・自然治癒力が働くことによる「真実の癒やし」を行うことが何よりも大切であるという結論を得たのです。

この本では、真実の癒やし、原因療法とはどういうものであるか、その大切さをお伝えしたい、気づいて頂きたいという思いで認（したた）めています。

「真癒」とは、読んで字の如し、真実の癒やしという意味をもっています。そして、ディヴァイン（Divine）というのは、私の座右の書『ディヴァイン・ヒーリング』という書籍名から来ています。

新しい治療室を開設するにあたって、「真癒」と「ディヴァイン」のどちらかを名称にしたいと考えていたのです。

「ディヴァイン：DIVINE」とは、「神の、神聖な、神々しい」等という意味です。

『ディヴァイン・ヒーリング』という本の著者は、マクドナルド・ベインというイギリス人で、世界各地でヒーラーとして活躍された方です。

その実際のご活躍の詳細は、明らかにされていませんが、他の著作の中で、世界中で癒やしを行って活躍したと書かれており、そのヒーリングについての僅かな表現や、その雰囲気から推測するしかありませんが、それはそれは素晴らしい〝癒やし〟をなさったと思われるのです。というのは、癒やしの実際の事例は具体的に書かれていないものの、ヒマラヤで想像を超えた修行をなされたからです。今ではどうかわかりませんが、かつて、ヒマラヤには、覚醒した大師方が存在し、マクドナルド・ベイン先生は、その大師方の指導を受けて霊性を高めたそうなのです。くわしくは、『解脱の真理』、『キリストのヨーガ』という本をご覧ください。ベアード・T・スポールディング著『ヒマラヤ聖者の生活探究』という本も参考になります。読んで信じられるかどうかはわかりません。が、もし、信じられたならば、人生観さえ変わるような内容の本です。

さて、ディヴァイン・ヒーリングという本の内容は、イエス・キリスト自身の講話ということで、ちょっと信じがたいものです。いやいや、常識から言ってとんでもなく信じがたいものです。それは、マクドナルド・ベイン氏に、イエス・キリストがオーバーシャドウしたというのです。日本語で言うと、神懸かったということです。そしてマクドナルド・ベイン氏の肉体を通してイエス・キリストが講話をし、それを記録したものだといわれています。なんとも不思議な話ではありますが、その文章はとても格調高く、本当にキリストがお話になったと信じるに足る深淵な内容です。そして、なぜ、私の座右の書であるかと言うと、その講話の内容は癒やしのヒントが鏤(ちりば)められているのです。読み方、理解のしようによって、まさに「癒やし」の宝石箱とも言える内容なのです。そんな訳で、私は、キリスト教徒ではないのですが、リビングのソファーのサイドテーブルの上に、ディヴァイン・ヒーリングという本を置き、毎日、毎朝その本を読み返しています。

こうした理由で、新しくスタートする治療室の名称を「ディヴァインにしようか」と思った次第なのです。

なぜ新しい名称を考えるようになったのか。それは、今まで所属していたグループを離れることになり、治療室の名称を新しくする必要が出たのです。そんな訳で、大切な名称をどうするか、ゆっくり、じっくりと考えていたわけです。そこで、自分だけの考えではなく、人の意見を参考にしようと何人かに相談していました。

そして、若い人の意見を、特に女性の声を取り入れるのが良いかと思い、ある信頼できる親類の女性に電話をしてアドバイスを求めることにしました。

電話をしてみると、こんな応答がありました。

「ちょっと待ってください……（話し声）。娘が、シンユがいい、と言っています」

私の信頼した女性は、三歳児の娘にも意見を聞いたようなのです。それには私も少々驚いたのですが、まあ、それも良いかもなあ、と「真癒」に決定することにしました。何ヶ月も、散々考え続けて、三歳の女児の声が決め手となったのです。面白いものです。

最後は、流れのまま……。

そういう経緯があって、「真癒」としてスタートしました。

しかしながら、なんとなくディヴァインという響きに、言葉にも未練があり、「ディヴァイン・ヒーリング 真癒」と名乗ることにしました。真癒に「ディヴァイン・ヒーリング」を冠することにしたわけです。

◎ディヴァイン・ヒーリングからトゥルー・ヒーリングへ転換

「ディヴァイン・ヒーリング真癒」としてスタートしたのですが、しばらくしてから「トゥルー・ヒーリング」に変更しました。半年ほどした頃でした。

なぜかというと、「ディヴァイン・ヒーリング」とは、日本語に直訳すると「神・癒」となるからです。それは、元々わかってはいたのですが、日がたつにつれて、今の私が「神の癒やし」とは、とてもとてもおこがましくて、そんな名称を名乗るものではないと感じたからです。

過剰広告というか、実力以上の表現は使いたくありません。たとえ人の耳目はひかなくても、出来るだけ言行一致であるべきだと思うからです。

実力以上の大きなことを言ったり、誤解を招くようなことはしたくありません。

また、気にするほどのことではないのですが、ディヴァイン・ヒーリングとしてスタートすると、年配の女性の方から電話がかかってきて、こんな質問をいただくことがありました。

「先生は、カトリックですか?」

私が思っていた以上に、「ディヴァイン」という言葉は、キリスト教を信仰をしている方にとっては意味深な言葉のようだったのです。

そこで、「真実の癒やし＝トゥルー・ヒーリング 真癒」に改称しました。

「真実の癒やし」と標榜することには、私の治療をしていく上でのモットーであり、まさに適正なぴったりな表現だと思いました。「トゥルー・ヒーリング」という響きには、なんとなく違和感を感じたのですが、適切だと考えました。

本人の力、内からの力、生命力の発露による治癒が発揮される治療法なのですから、真実の癒やしという直訳となり、これほど正しいことはありません。

さて、この自分自身の内なる力で癒やしを行うことにこだわるのはなぜか。

それは、回復の質がとてもしっかりとしていて深いものだからです。ヒーリングをすると、本人の自覚している症状が治ってくるだけでなく、身体が健康体となり、将来の病気の予防、さらには精神的な安定をも実現するからです。

それに比べて、外からの刺激による癒やしは、症状は取れて楽になっても一時的な場合が多くなり、再発を繰り返しやすいからです。さらに、大切な健康レベルは変わることはなく、生命力が高まるようなものではないからです。精神的にも緊張感が働きやすく、ハイな感じになりやすく、その後は、その反動が起こりやすくもあるのです。

そんなわけで、ディヴァイン・ヒーリングとした印刷物などもあったのですが、数ケ月でトゥルー・ヒーリングに潔く名称を変えたのは、今でも大正解だったと感じています。前述のごとく、神の癒やしなどとは、私ごとき人間がおこがましくて名乗れたものではありませんから。

しかし、マクドナルド・ベイン先生は、きっと、神の癒やしの域に至っていらっしゃったのだと思います。

◎神の癒やしとはいかなるものか

真実の癒やしは、前述のごとく、自分自身の力の回復によるものです。

では、神の癒やしとはいかなるものでしょうか。

あなたはどう思いますか？　神の癒やしとはどういうものかと想像するだけで、今、私の心は、ワクワクしています。

その前に、神は存在するかどうか？　神を信じるかどうか？――が問題にもなりますが……。何しろ、今の世の中、科学が進み神の存在には個人の認識の差、理解の差が大きくありますから。無神論者という方も多くいますからね。

とはいえ、ほとんどの人は、神社に詣で、お寺に参り、葬儀をする等しているのですから、信じている方が多いのでしょう。

ちなみに私は、神、仏は信じますが、行事は必要のないことが多いと思っています。純真な気持ちで真摯な祈りを行うことは、とても崇高であり、大賛成ですが権威を誇るようなものや、体裁だけのものは全く不要だと思っています。

さらに話を進めて信仰についていうと、社寺仏閣への参拝なども尊いものですが、それ以上に、自分自身の日常の行い、考え方の方が大切だと思います。

寺社仏閣に行って、現世利益を願うのも困った時などには仕方ないことですが、そこから純粋な祈りへと徐々にステップアップしていくことが大切なのではないでしょうか。困ったことがあったら、その解決を願うところから感謝へと変わり、純粋なる祈りの世界に入っていくことこそ望ましいと思います。そして、そうなって純粋なる祈りになっていくほどに新しいよりよい展開が始まってくるものと思うのです。

まあ、それはそれとして、本題に戻ることにします。

実は、とても有名な世界の超ロングベストセラーの書籍の中に、神の癒やしの実例が書かれています。

世界の超ロングベストセラーの本――それは「聖書」です。

日本人のほとんどは、仏教、神道を基本としていて、寺社仏閣には、様々な行事で訪れますし、あるいは観光で巡るほど親しみがあります。しかし、キリスト教には少し距離があると思います。とはいえ、聖書の存在は、当たり前のものとなっていますね。何しろ、世界的な超ロングセラーですから。

さて、その聖書です。

◎聖書に記されているキリストの癒やしと私の霊体験

新約聖書の四つの福音書に、イエス・キリストの行った癒やしが多く記述されています。

このイエス・キリストの癒やしこそは、神の癒やしだと考えて良いと思います。もしかすると、マクドナルド・ベイン先生も、こういうレベルの癒やしを行ったのではないかと思います。何しろ、イエス・キリストが神懸かるほどの人ですから。

ところで、このように書いていても、霊的なことを信じられない方も多いと思いますので、私の実体験をご紹介します。これは現実にあった話ですので、霊的な事象の存在は信じて頂きたいと思います。

二十五歳の時のことです。開業を控えて、姫路に行き、尊敬していた仙骨療法のU先生の研修生の時でした。初めて仙骨治療を受けに来た女子大学生の異変に気付かれたU先生は、その女性の顔に手をかざして除霊をしたのです。まだ女子大生だったかわいい女性が、見る見るうちに顔の形相が老婆に変わりました。本当に驚きました。また、除霊されたときに発したギャーッという奇声や、先生との問答の時の金切り声は、見事に老婆のそれであり、言語も平安時代の言葉でした。本当にこの世のものとは思われませんでした。この時、先生の指示で音声が録音されています。

この出来事の後、先生は続けて話されました。

「荒尾なあ、こういうように憑依されたのを払っても、また同じようなレベルの霊が憑くんだよ。だからな、ただ憑いてる霊を祓うのではなく、肉体のバイブレーションを上げることが大切なんだよ」と、解説してくださったものです。

その後、私も霊的体験を何度かしました。

先生の指導で「瞑想をするとよい」という言葉があり、毎晩、瞑想を続けました。

しばらくして、瞑想をはじめて三十分ほどすると、遠くでお寺の鐘をつくような、「ボーン、ボーン」という音が聞こえるようになりました。ある本では、こういうのを霊耳(れいじ)と書かれていましたが、気味が悪く感じたので、瞑想はやめました。

次には、金縛りになったこともありました。想い出深いのは、仰向けに寝ている私の目の前に経典の様なものが現れて見事な内容の文が書かれていました。残念ながら、その意味は覚えられませんでした。

さらに、十年ほど前、沖縄に波動療法の講師として行った時のことです。せっかくの沖縄ですので、海沿いのビジネスホテルを宿にとったのですが、そのホテルでも金縛りになりました。それも、一晩に三回もです。

二回目までは、ただ祓おうとしたら金縛りが解けたのですが、三回目の時が、我ながらお笑いのような話なのです。

再びベッドに寝ていると、廊下の二十メートルも離れているかと思う先から足音が聞こえてきました。ヒタ、ヒタッという音がして近づいて来るのです。私は、「もうこの部屋には来るなよ」と願いました。しかし、その願いは虚しく、霊が私の部屋を選んで入ってきたのです。

ドアが、ガチャッと開く音がして入ってきました。すると私の寝ているベッドの直ぐ横に置いている頭陀袋(ずだぶくろ)をゴソゴソとあさりだしたのです（ただし、ドアは閉まったままですし、私はトランクを足元に置いていて、頭陀袋などもっていませんでした)。私は、三回目だし、自分の私物を勝手にあさられはじめたことに腹が立って、我慢の限界を超え気が付くと上半身から起き上がり、その霊の首根っこをつかんでベッドの上に引き倒して羽交い絞めにしてやりました。少し手応えがあったのですが、すぐに……スッと、その感覚が消えてしまいました。

信じていただけないような話だと思いますが、これは実際にあった私の貴重な体験です。

今から思うと、「まだまだ若かったなあ」と感じる思い出です。今だったら、「霊に話しかけて諭すこともできたろうになあ」と思うからです。

このように低級霊に憑依されるのは困りものですね。しかし、高級霊には、ぜひとも懸かって頂きたいものだと思います。が、それは難しいことでしょう。よほどの日頃の行い、日頃の想念が良くないと、高級霊は懸かってきてくれません。自分自身と合う波動のものしか交流はできないはずですから。

とはいえ、もしかすると、いま、この本を手にして下さっている日頃の行いの良い、想いの純粋なあなたには、高級霊がついてるかもしれません。

ということで、私の座右の書である『ディヴァインヒーリング』という本では、マクドナルド・ベイン師は、

画『盲人を癒すキリスト』ユスターシュ・ル・シュール(17 世紀)

イエス・キリストが懸かったというのですから、神の癒やしというほどの素晴らしい霊力を発揮なさったと考えてもおかしくはありません。

◎イエス・キリストの癒やし二十五の事例

さて、いよいよ、まさに、神の癒やしを行ったのではないか、と思われる、イエス・キリストの癒やしの二十五の事例が見つかりましたので、確認していきたいと思います。

とても、信じられないような事例です。

以下に紹介されている事例には、全く及ばないですが、私でさえ、触れずに身体のエネルギーの歪みをとることは簡単にできますので、有り得ることだと考える方が妥当だと思っております。伝説というのは話が大きくなることが、往々にしてあります。また、このような事例が、全て現実にあったとは言わないまでも、ある程度は実際に行われていたでしょう。そうでなければ、イエス・キリストといえどもあれほどの民衆の支持を得ることはなかったからです。

・安息日の会堂で、汚れた霊に取りつかれた男を癒やした。
・ペトロの家で、彼の義理の母の病気と大勢の病気を癒やし悪霊を追い出した。
・ガラリアでおびただしい民衆の病気、苦しみ、悪霊に取りつかれた者、てんかんの者、あらゆる病人を癒やした。

・重い皮膚病（ハンセン病）を患っている人が近寄り、ひれ伏して癒やされることを願うと、イエスは深く憐れんで彼に触れ、病気を癒やし清くした。
・ローマ軍の百人隊長の信仰を誉め、彼のしもべの病気を癒やした。
・ガリラヤで、王の役人の息子を癒やした。
・エルサレムで、三十八年間病気で苦しんでいる人を癒やした。
・中風の人に向かって、イエスが「起き上がり、床を担いで家に帰りなさい」と言うと、その人はすぐに床を担いで、皆の見ている前を出ていった。それを見ていた人々は驚いた。
・安息日の会堂で、手の萎えた人を癒やした。
・おびただしい民衆が集まり、イエスから力が出て病気を癒やしていたので、群集は皆、イエスに触れようとした。
・悪霊に取りつかれた人を癒やし、悪霊たちを豚の中に送りこむ。
・十二年間、出血が止まらず苦しんでいた女が、後ろからイエスに近づき、イエスの服の房に触れた途端、出血が癒えた。イエスは振り返り、「あなたの信仰があなたを救った」と女をいたわった。
・「ダビデの子よ、私たちを憐れんでください」と言いながらついてきた二人の盲人の目を見えるようにした。
・悪霊に取り付かれて口の利けない人を癒やすと、しゃべり始めた。
・人々が床に乗せて運んでくる病人を癒やした。

・ギリシャ人女性の悪霊につかれた娘を癒やした。
・十八年間、病の霊のために腰が曲がったままの婦人を癒やした。
・ある議員の家に入り、水腫の人を癒やした。
・耳が聞こえず舌の回らない人を、イエスは群集の中から連れ出し、その人に向かって「エッファタ（開け）」と言うと、その人の耳が開き、舌のもつれが解けて、しゃべれるようになった。
・盲人の目に唾をつけ、両手を彼の上におくと、おぼろげに見えるようになる。そこで、イエスが両手をその目に当てると、はっきりと見えるようになった。
・汚れた霊につかれた子供を癒やした。
・重い皮膚病を患っている十人の人が出迎え、遠くに立ち止まったまま、「私たちを憐れんでください」と声を張り上げる。イエスは彼らを見て身体を清くした。
・盲人バルティマイは、イエスが道を通ると聞いて、「わたしを憐れんでください」と叫び続けた。イエスは彼を呼び、彼の目を見えるようにした。
・生まれつきの盲人の目に唾と土をこねて塗り洗うようにと告げる。彼が池に行って目を洗うと見えるようになった。
・剣で切り落とされた耳に触れ、傷を癒やした。

以上、イエス・キリストの聖書に書かれた癒やしですが、何とも凄いですね。

私でも、簡単な症状であれば、一回のヒーリングで、すっかりと改善した、とお喜び頂けることもあります。が、少しひどい症状の方には何回もヒーリングを受けて頂くことが必要です。とは言え、今は、かなり深い癒やしを行えます。

広い世の中、私よりすごい癒やしをされる方は多くいらっしゃることと思いますが、本当に、正直に言って、カイロプラクティックは下手で、鍼を学んでもツボも十分に覚えなかった私が、今ではかなりのヒーリングの技を得られたので、かなり満足しています。

ちなみに、前著でも書きましたが、イギリスのハリー・エドワーズというスピリチュアルヒーラーは、「キリスト以来、最大のヒーラー」と言われたそうです。また、キプロス島の、ダスカロスという方もすごかったと言います。しかし、知られざる偉大な方は、かなり多くいると思います。

そして、私も、これからも少しずつでもレベルアップして、ヒーラーとして、まだまだ成長したいと願っています。この道を歩みだして三十五年がたちますが、若い頃の目の前にあった治療の道は、曲がりくねっていて、迷い、泥濘（ぬかるみ）があって辛いつらい道程でした。が、ついに、今、いよいよヒーリングの道は真っすぐになって霊峰が目の前に見えてきたような気分になっています。

どれほどのヒーリングができるようになるかはわかりませんが、粛々と道を過（あやま）たぬように歩んでいきたいと思っています。

◎イエスは、死者を生き返らせたというが……

続いて、イエス・キリストが死者を生き返らせた話が三つあります。

・会堂長ヤイロの娘を生き返らせた。
・イエスは、ある未亡人の一人息子が死んで棺が担ぎ出されるのを見て、母親を憐れみ、「もう泣かなくてもよい」と告げ、棺に手を触れ、「若者よ、あなたに言う。起きなさい」と言うと死人が起き上がって話し始めた。
・イエスは涙を流し、ラザロを生き返らせた。

死んだ人を蘇らせたとなると、普通は、凄すぎて信じられないですね。でも、私は、「この事例も事実かもしれない」と思っているのです。というのは、私のような凡人でさえ、前述のごとく、意識を向けるだけで、瞬間で身体の歪みをとり、自然治癒力の発露を促すことができるのですから、神の子といわれ、多くの人の信頼を得た人であれば、実際に行った可能性があると思うのです。

自分の常識に照らして信じられないからと否定するのも、非科学的な思考であり、傲慢な姿勢だと思うのです。科学的な態度とは、否定するだけの説がなければなりません。確かに、古典物理学と言われるニュートン力学を基にした思考ではあり得なくても、現代物理学と言われる量子力学的に考えれば、可能かもしれず、決して不可能とは言い切れないからです。

さらに、生き返った前述の三人は若い人ばかりです。死者を生き返らせるのは、当時はそれほど難しくなかったかもしれないのです。というのは、今でも、人が死ぬと、お通夜をして一晩は寝かしておきます。それは、生き返るかもしれないからなのです。昔は、栄養不足や寒さなどで、仮死状態に陥る人が多かったのです。それで、安静にしているうちに目が覚めて生き返るのです。イエスが三人だけ生き返らせたというのは、ちょうど、そういう仮死状態に近い状態だったからだと思うのです。本当に死んだ人を生き返らせるというのは、宇宙の法則に反するところもあると私は考えるからです。

ちなみに、その説を裏付けることができる資料がありました。十数年前の新聞記事です。ある安置所で「死亡したと思っていた人が生き返った」と書かれた記事を読んだことがありました。それに、昔、一晩おいてからでも火葬の時に人の叫び声がしたという話を聞いたことがあります。残酷な話になってしまいますが、棺桶の中で生き返っていたのかもしれません。

さらに、実際に、死後の時間が短ければ、心停止をしても心臓マッサージや、電気ショックをあたえたり、呼吸停止した人に人工呼吸を施したり、呼吸器をとりつけることで蘇生することは今でも頻繁に起こっています。日本各地では、世界では、今まさに、この瞬間にも、そういうことがおこっていることでしょう。こういう情報に接した時に、容易に断定せず、肯定的な視点も持って冷静になって判断すること、あるいは可能性を持っておくことが大切だと私は思っています。

余談になりますが、今の人は身体が腐りにくくなっているそうです。

この話を聞いたのはもう十年以上も前になるのですが、私も、とても驚いたものです。

田舎で火葬場がなくて土葬をするところがあるそうです。通常なら埋葬して何年かすると、死体は土になっていたそうなのですが、近頃は、墓を掘り返した場合に、なんと手が出て来ることがあったと言うのです。

原因は、食品に含まれる防腐剤の影響のようです。

同じ内容のことを、お二人の方から聞いた話ですから、間違いないことでしょう。

◎イエスと同様に病気治しをした弘法大師・空海の伝承

私は、基本的に仏教徒です。実家がそうだからです。仏教徒でも、詳しく言うと、禅宗で臨済宗妙心寺派です。郷里は熊野の那智で、熊野三山のおひざ元でもあり、実家は天神さんの門前にあったので神社の境内が小さい頃から遊び場所でした。

そんなこともあり、仏教も日本の神様も身近に感じています。

キリスト教の信者ではありませんが、保育園がキリスト教系でした。そういえば、年長組の時に演劇で、イエス誕生のお芝居をしました。私は、その博士の一人の役でした。お釈迦様も、日本の神様も、イエス様も好きです。今はヒーラーとしてのイエス・キリストを、とても尊敬しています。

そういえば、お釈迦様は、病気治しをしたという逸話は聞いたことがありませんね。しかし、日本に密教を広めた弘法大師、空海は、加持祈祷をして病気治しをしたという文献が残っています。天皇とやりとりをした手紙があるそうです。

空海は、その遠隔加持の力によって、天皇家、貴族、さらには庶民からの信頼を集めました。ちなみに、なぜ仏教から密教という形態が起こったかというと、インドで、元々の仏教では庶民の心を掴めなくなっていたというのです。その理由は、仏教は心の探究ばかりで、現世での利益がなかったから、生活苦に喘いでいた庶民が他の現世利益を説く宗教に流れるようになったというのです。そこで、様々な現世利益が得られるようにしたというのです。方便として現実の利益が得られる術を取り入れて、密教という形になって発展したのです。少し話は変わりますが、私は、インドで生まれた仏教がヒンズー教に変わってしまったと思っていたのですが、インド人にとって、仏教はヒンズー教の一派だと考えているようです。ちょうど、我々日本人が、仏教の中の密教のように感じているのと同じような感じなのでしょう。

◎遠隔加持——東京四谷、真成院の和尚

ここで、一つ、ご紹介しておきたい話があります。

東京、四谷の真成院というお寺があります。ここは、高野山真言宗のお寺ですが、お加持をさ

れています。とても功徳のあるお寺です。三十年も前には、「癌駆け込み寺」と書かれた赤いのぼりがズラっと境内に並んで立てられていたといいます。

この真成院というお寺では、正純密教をご教導下さる、ということで、波動療法の先生がとても素晴らしい教えとおっしゃるので、私は直ぐに会員にもなり、たびたび通い、勉強会に参加させて頂きました。とにかく勉強になると思いましたのでまっすぐな気持で学びました。

先代の、織田隆弘和尚は、真言密教の教えをご自身の考えに照らしてわかりやすく、そして、遠隔加持による治療例も、多くご著書に書いておられます。多くの著作を残されていますので、すべて読ませていただきました。それらの内容には、とても感動しましたし、とても勉強にもなりました。そんな中で、興味深かったのは、霊障は実際にあるが、それほど多くはなく、せいぜい五パーセント程度だと書いておられたことです。そして、「霊のせいにして人々を脅すような宗教は、邪教である」と厳しく否定されていました。さらに返す刀で、「今の日本仏教界が紳士的すぎているが故に、邪教をのさばらしている」と言い、ご自身が大僧正をなさっている本山の高野山に対してさえ、ご意見も具申したと書かれていました。

とは言え、基本的には一貫して書かれているのは、密教の最高仏である大日如来を信じ、「利他」と「破邪顕正」をしていくという力強いお教えだったと記憶しております。この辺りのことをよく考えてみると、キリストが言うファーザーと、織田隆弘和尚がおっしゃる大日如来は、同じような位置付けにあると考えることができると私は思っています。ただし、このように理解していることを書くと、仏教やキリスト教の双方の信奉者から否定されてしまいそうですが、冷静に考えてみれば、その着想はほとんど同じだと私は思っています。

ちなみに、遠隔加持によって多くの信者さんをもたれ、青森には昭和大仏というとても立派な素晴らしい大日如来像のある青龍寺というお寺を開基されています。

現住職の織田隆深和尚も、とても立派な真摯な方で、私の心から尊敬する方です。

◎キリストの行ったといわれる奇跡

せっかくですので、キリストの行ったといわれる奇跡でも、癒やしに続いて物質的なものをご紹介させていただきます。何しろ私達は、毎年、クリスマスには喜んでお祝いをしているのですから、本来、もう少しは、イエス・キリストのことを知っておくことが必要であり価値あることだと思うからです。

【イエス生前の奇跡が十例、死後が五例】

・婚礼の際に、水がめの中の水を、ぶどう酒に変えた。
・不漁の漁師が命じられたとおりにすると、大漁となり二艘の船が魚でいっぱいになる。
・船に乗ったイエスが、暴風雨の荒れた湖面を「静まれ」と一言で静めた。
・五つのパンと二匹の魚を増やし、五千人の人々に食べさせる。
・イエスは湖の水の上を歩いた。

・七つのパンと少しの魚を増やして、四千人の人々に食べさせる。
・山に登った時、イエスの姿が変わり、顔は太陽のように輝き、衣がまっ白に輝く。
・弟子の釣った魚の口の中にある銀貨一枚でふたり分の神殿税を納めさせる。
・いちじくの木に実がつかないよう祈ると、翌朝、いちじくの木が枯れていた。
・復活したイエスが弟子達に舟の右側に網を打つよう指示をすると、百五十三匹の大きな魚が網に入る（二回目の大漁の奇跡）。

【イエスが十字架での死のあとの復活】

・復活したイエスがマグダラのマリアの前に現れる。
・二人の弟子の前に現れる。
・食事中の十一人の、弟子たちのもとに現れる。
・八日の後、再び弟子たちのもとにイエスが現れ、信じなかったトマスに自分の手とわき腹（の傷口）を見せる。
・イエスは弟子たちと過ごした後、彼らが見守る中、天に昇っていく。

以上です。

これらは、本当に信じがたいことですが、マクドナルド・ベイン師は、ヒマラヤの大師方も、このようなことをなさっていたとご著書に書いていています。

このような話は、信じるも自由、信じないも自由です。でも、私は、とてもロマンのある話だと思い、とてもとても、容易にできることではないにしろ、十分な修養をした方であれば、きっと事実であると信じています。

日本でも、修験道の開祖と言われる、役行者・役の小角（えんのおづぬ）は空を飛んでいたと言いますね。奈良の大峰山と大阪でも北摂の箕面の間をよく飛んで移動していたそうです。気功で有名なN先生にお会いしたら、「中国の気功の老師は、やはりトランスポーテーションができるんですよ」と真顔でおっしゃっていました。

ただし昔、世間を騒がせたカルト宗教の教祖が、ほんの数十センチ浮いたといって髪の毛が飛び上がっているような写真がありましたが、そのような瞬間的なことには興味が全くありません。

私は、空中飛行もあり得ることで、いつか自分もできる日が来るかもしれないと信じています。そう思うと、なんともロマンがあると思いませんか。何しろ、今では、少し意識するだけで人様を癒やせるのですから、もしかしたら。と淡い希望を持っているのです。

自由に空を飛ぶようになれる。しかし、やはり、ちょっと、現実に起こることはなさそうですね。もう少しすると、誰でもドローンで飛べるようになりそうですが……。

もう一つ、ロマンを述べさせていただくと、今や大気圏から宇宙空間に出て、美しい地球を星を眺めてみたいと思っています。きっと、宇宙空間に出て星を見るととても美しいことでしょう。

私は、今までに一度、天の川を見て、とても驚いたことがあります。それはネパールの僻地の小さな村から見た、天の川でした。ネパール人の友人のウッタムさんの実家のサピンというとても小さな村で、バス便のある麓の町から三時間ほど登った少しなだらかになった山の中腹にあり、ポツンポツンと点在する民家の周りには千枚田のような水田が広がっています。そのずっと彼方には、万年雪のヒマラヤ山脈が望めます。

自動道は走っていないので排気ガスはないし、電力の供給も充分にありませんので夜は真っ暗になります。そんな中で空を見上げると、それはそれは、夜の空に大きくとても太い白い筋が横たわっていて、それが天の川だったのです。信じられないほど、くっきりと大きく太く白いミルク色の川でした。星の輝きもすごくて美しい星空でした。「また必ず見たい」と思っている星空です。きっと宇宙空間に行けばもっと美しい星が見えることでしょう。

私は、あとどれだけ生きることができるかわかりませんが、もしも死んで肉体を脱いだら、もっともっと美しい、私の想像を超える光のあふれる世界に行けることだろうと思い、それを楽しみにしています。しかもそれはタダで行けます。必ず行けるのですから、慌てず、もう一つのロマンとして、光のあふれる世界はお預けにしています。

第二章　真癒ヒーリングとは何か

◎真癒ヒーリングの特徴

真癒ヒーリングについて述べます。まず、その特徴を挙げると次のようになります。

⑴ 原因療法であること
⑵ 身体に触れなくても行えるということ
⑶ 遠隔治療ができること
⑷ 道具を使わないこと
⑸ 身体に悪影響が一切ないこと
⑹ 自分自身（施術者）が修養になる

さて、それぞれについて、すこし解説をさせていただきます。

⑴ 原因療法とは如何なるものか？

これは、とても大切なことです。何よりも大切なことと言えます。

ここに、真癒が世に存在する意義があるからです。

それは、肉体次元でいうと、脳幹の活性化を促し、自然治癒力を高めることで、自分自身の力によって癒やしを行う、ということです。

肉体次元での理解としては脳幹を活性化しているのですが、きっと、エーテル体、アストラル体、メンタル体、コザール体という肉体を包んでいるエネルギー体を整えているのだと考えています。ミクロの世界で考えれば、細胞や分子どころか、原子の波動を整えているのだと考えることができます。ＤＮＡなんて大きなものではありません。原子核と電子の結びつきや、電子の回転に何らかの変化を与えているのかも知れないのです。このような仮説が成り立ちます。何よりも事実が大切、論より証拠です。実際に、身体は変化します。

いずれにしても、原因療法であることを大切にするというのは、通常行われているほとんどの治療というものは、対症療法だからです。もちろん、状況によっては対症療法が大切なことがあります。

それは、怪我をした時、骨折をした時などです。怪我をした時に、止血をし、消毒をし、傷口を縫い合わせます。骨折をした時には、接骨をし、必要に応じて補強の処置をすることが必要です。なお、現代医学では、このような骨折や、怪我を治すことも原因に対処しているということで原因療法ということがあるようですが、私の言う原因療法とは、自然治癒力・生命力を高める療法という意味です。

私の仕事である治療家、ヒーラーというジャンルとしては、原因療法を行うことに深い意義が生まれてくるものなのです。このことについては、後ほど、詳しく書かせていただきます。というのは、ここをしっかりとご説明し、深く理解していただくことが本書の要点であると思っているからです。

(2) 身体に触れず瞬間で行えるということ

身体に触れることが悪いことだと考えている訳ではありません。必要であれば触れればいいのですが、結果的に、身体に触れなくても癒やしが出来るようになってしまいました。それも、本当に短い時間で……。あっと言う間の瞬間でなされます。

瞬間でできるというのも特徴です。

エネルギーの変換ということで考えれば、瞬間で出来ることは不思議ではありません。電気的な変化というのは瞬間でなされるからです。バチッと電気がショートしますが、そのようになされているのかも知れません。その後、そのエネルギーの変化が肉体にゆっくりと起こって来るようです。

ということで、真癒にお越しくださるクライアントには、せっかく遠路お越し頂いているので、肉体の変化に対応できるように、ゆっくりと癒やしの時間を過ごしていただいています。時には必要に応じて患部に手で触れて症状の速やかな回復を促すこともしています。

しかしながら、身体に触れなくても、さらに瞬間で真実の癒やしが行えるのです。「人間の身体というのは、本当に不可思議なものだ」と、「人間とは素晴らしい能力を秘めているものだなぁ」と、いつも感じるところです。この人間の素晴らしさということを、より深く理解していくことで、さらなるヒーリングの効果が出てくるのも不思議なものです。なんともはや……。

人知を越えるのが、叡智の世界、真実の世界なのでしょう。

(3) 遠隔治療ができること

前述の身体に触れないということですが、それどころか、遠く離れたところにいる人を癒やすことができます。

英語ではリモート・ヒーリングというそうです。

弘法大師・空海の、お加持も、遠隔ヒーリングです。

姿が見えないどころか、日本国内はもとより、外国でも、地球の裏側でも遠隔治療はできるのです。きっと、何光年も離れていても同じでしょう。

光は、秒速三十万キロというすごく早い速度を持っています。月まで二秒かからずに到達します。そして地球を一秒で七回半回るスピードです。が、ヒーリングは想いでなされます。想いは距離という物理的な問題を簡単に解決してしまいます。次元を超えた意識の世界でなされることだからです。

遠隔治療をはじめるにあたって信じてもらえないかも知れないし、効果があまり気づいていただけなければ信頼関係が壊れると思って差し控えていたのですが、効果もどんどん高まり、徐々に理解してくださる方も増え近頃は遠隔ヒーリングの依頼を多くいただいています。何十人もの遠隔ヒーリングを毎早朝行っています。

遠隔ヒーリングというのは、人知を超えた世界を垣間見せてくれる不思議な世界です。

(4) 何も器具等を使わないこと

便利な器具は、本当にありがたいものです。もちろん道具を使うことが悪いことではありません。しかしながら、真癒のヒーリングでは、自分自身の想い、意識を使うだけですから、身一つで道具がなくてもできます。それはそれは、便利なものです。いつでも、どこでも準備をすることなく、思ったときにヒーリングを行えるのですから。

そういう訳で、機械や道具の購入するためのお金がかからないのもメリットです。

現代医療が、科学技術を活用するのはいいですが、その科学技術の素晴らしい機器を購入するために、何千万円もかかります。あるいは、毎回費用がかかるものもあります。そのために、経済が廻るというのもメリットではありますが、利権が生まれることで必要ないものまで販売して利益を上げようとするものまで現れます。陰謀論では、医療マフィアなどという言葉もありますが、医療でお金はあまり動かない方が良いと思います。

また、以前、機械を使って骨格調整をしていたときは、治療室以外では出来ませんでした。また器具を使って治療をしていた時には、病院へ治療に行くときなどは病院関係者の方に反対されるのではないかと気を遣ったものですが、今では、どこでも気兼ねすることなくヒーリングが出来るのですから気軽でとても便利なものです。

(5) 身体に悪影響が一切ないこと

身体に触れずにできるので、身体に負荷をかけることがありませんから副作用が起こりません。

本来、副作用ということに対して、どのような療法を行うにしても、もっと気をつける必要があるのです。私のカイロプラクティックの師は、「いくら治せるようになっても、こわすようじゃあいけないんだよ」と、時折、弟子の私たちに訓示をくださっていました。

神経質になりすぎてはいけませんが、身体に変化を与えるということは、薬にしろ、ワクチン接種にしろ、手術にしろ、手技療法にしろ、副作用はつきものだということを知っていて欲しいと思います。副作用というと、なんとなく軽い気がして耳障りがそれほど強くないのですが、悪くなるということです。良くなると思って療法、治療を受けて悪くなっていたらたまりませんね。

日本ではあまり表に出てきませんが、アメリカでは医原病の害をもっと公に発表しています。医療を受ける場合には、多少のリスクは伴うものですから、その中で、充分、メリット、デメリットを勘案して選択していくべきなのです。

そうそう、身体に一切悪影響がないというのは、ヒーリング時の気持ちの持ち方にもよります。あくまでも、善意を持ってする時には、副作用は一切ないのですが、悪意を送ればそれなりに悪影響を与えることはできるものなのです。

◎真癒ヒーリングとしてスタートして

真癒ヒーリングとして、グループから独立してスタートしたのですが、何事も、無難にしようと思っても、案に相違して、多少の問題が起こるのがこの人間社会だと思わされることが起こりました。

組織を離れると言うのは難しいものです。「飛ぶ鳥、後を濁さず」と言う諺（ことわざ）を心に、波動療法の残っている新しい人達にはあまり声を掛けないようにして、後ろ髪を惹かれる思いがありながらも出来るだけ静かに退会の手続きを行いました。が、その後に、デマが飛び交っていたようなのです。誹謗中傷です。なんともやるせなくなる出来事でした。

もっとも、それほどは気にしませんでしたが、少し悲しい不快なことではありました。それは、私の治療方法、すなわち真癒ヒーリングは、Ｂ・Ｊ・パーマーという偉大なるカイロプラクティックの教えを受けて、原因療法を標榜しています。その原因療法の原則として言われるのが、Above Down Inside Out という身体の中の神経エネルギーの流れ方です。

日本語で言うと、「上から下に、内から外に」。脳幹の活性化により、脳幹から脊髄神経を通って全身に神経エネルギーが流れることが基本な訳です。

真癒ヒーリングとして活動し始めると、それが、上から下ではなく、下から上への対症療法をしていると言うデマがどこからか上がったようで、私の耳にも入って来ました。

それらは、誹謗中傷でした。あるいは、悪意ある思い込みです。何しろ、実際の現場、即ち、私の治療室での治療の効果の現れ方は以前と変わりがなかったからです。しかし、そのデマを信じた多くのクライアントが去って行きました。

「ありがとうございます」

「楽になりました」

「お陰様で、よくなりました」

と、いつも笑顔を見せてくださっていた、深い信頼関係があったと思っていた方々が、来なくなられたのです。もっとも、ある程度の覚悟はしていましたし、それほどは気にしませんでしたが少し悲しい不快なことではありました。

また、組織を離れた途端に、私を敵対視するような人がいたことです。私は、何も敵対視をしたわけではなく、自分の自由を求めて、迷惑をかけないように組織を離れただけなのに、同じ志を持っているはずなのに、急に敵のように扱う方が数名いました。何と、物事を大きな目で見えないことでしょう。

これは、愚痴で言っているのではありません。このようなことがあるのも、世の中だということを理解しておくのも悪くはないと思って、こうして書かせていただきました。

いずれにしろ、私は夢と希望に燃えていますし、その程度の小さなことにはクヨクヨしない性格です。

私が、治療家となってから、唯一、クヨクヨしてしまうのは、自分自身の行った治療の効果が満足できない時だけです。アジャストメントが上手く出来ないと悩み、検査能力がないと思っては悩み、治療家は、向いていないのではないかと本当によく悩んだものです。人の一生分どころか、三倍、即ち、三生分ぐらい悩みました。

家に帰ってからも元気なく、悩み続けている私を毎日、側でみている妻もやるせなかったことと思います。今では、多少、力不足を感じることもありますが、もう間違いのない効果的なヒーリングができていると感じています。しかし、まだまだ、これからも向上したいと強く願っています。

◎どのような治療を選択するべきだろうか

ところで、もし皆さんが、原因療法を探すならば、脳幹を活性化させていると言うコダワリと言いますか、この脳幹の機能の大切さに気づいた治療家を選ばれることをお勧めします。骨格の治療であれば、B・J・パーマー先生が行っていたように、頸椎1番、2番の矯正をすることです。ただし、頸椎1番2番へのアジャストメントは、良くも悪くも影響が大きいので少し怖くもあります。私は、二十歳代の頃、このカイロプラクティックに出会いましたが、当時、私の技量では無理だと思いました。

それは、厚生省のこの文章が物語っています。

＊　＊　＊

○医業類似行為に対する取扱について（平成三年六月二八日）

「医事58号一部の危険な手技の禁止

カイロプラクティック療法の手技には様々なものがあり、中には危険な手技が含まれているが、とりわけ頸椎に対する急激な回転伸展操作を加えるスラスト法は、患者の身体に損傷を加える危険が大きいため、こうした危険の高い行為は禁止する必要がある」

＊　＊　＊

あとは、あまり身体を触れない治療がお勧めです。身体を触れられたら治療を受ける側とするならば満足度が増しやすいものですが、そこであえて治療家が触れないというのは、それだけの効果があることを信じているからに他ならないからです。

そして、治療する側が患者さんの要望に従わないことも大切です。なぜならば、患者さんの要望どおりにするのは、確固たる考えを持ち得ていないからでもあるからです。もっとも、患者さんの意見を無視するようでも思い込みが激しすぎるのかも知れません。なかなか、難しいですね。

私は、自分自身が行う治療法を選択してくる時には、まず、その治療法の理論を聞いて道理に叶っているか、納得ができるかどうか。次に、臨床事例の確認をしました。さらに自分が受けてみて、身体でどう感じるかです。

そういう選択する条件を設定し、カイロプラクティックから仙骨療法、波動療法と歩みを進めて来ました。

そして今、「真実の癒やし」であると考えるところに到達したのです。

◎師の薫陶を受けて

真癒としてスタートするにあたっては、パンフレットを作ったり、ポスターを作ったりといろいろな業務がありました。このようなことは、もう慣れていました。仙骨療法の時のU先生から、みっちりしごいて頂いていたからです。私は、仙骨療法の本部長という立場を頂き、多くの業務をこなしていたからです。

どこに行っても、自分のできる仕事を見つけては積極的に、そして責任をもってやっていました。それは、先生から素晴らしいご指導いただくお礼に、出来ることは何でもやろうと思っていたからです。

三十代後半には、自分の神田の治療室の仕事の前に、本部長として、朝七時には恵比寿にあった本部に行き、神田の仕事を終えてから本部に戻り、夕方から夜九時まで仕事をしていたこともありました。

グループの月刊誌の責任者になり、またカレンダーや手帳まで手掛けたりしました。手帳の責任者を引き受けた時には、校正ミスがあって私が責任者として二百万円ほど負担したことがありました。私の校正ミスを指摘され非難されたので、その責任をとって支払いを申し出たのは、忘れもしない私の三十八回目の誕生日でした。品川から神田に移転し多額の借金をしていたので、開き直っていたと思います。金銭感覚が麻痺していたからこそできたのかもしれません。

余談ですが、当時、先生から、ご自身が七台ほど所有している車の一台を私に買い取るように打診がありました。私は新しい車を買ったばかりでしたので何度も断ったのですが、先生は私に、三百万円で購入するように勧めました。それはメルセデス・ベンツ５６０ＳＥＬを改造したキャラットという超高級車で、バブル当時五千万円ほどした車両です。ボディカラーは美しいワインレッド、内装は有名ブランドのカルチェが手掛けていてアイボリーの革張り。フロアマットもアイボリーのムートン。ベンツのマークは金色。冷蔵庫、電話、当時は、まだ珍しかったデジタルオーディオや、超高級スピーカー、真空管アンプ付きという先生の、とてもお気に入りの車だったので、下取りに出すのを惜しんで、私に勧めてくださったのでした。

私は根負けして自分の買ったばかりの車を処分し、その車を譲っていただきました。

ただし、当然のごとく、私の手元に現金は十分にはありません。

「毎月いくらお支払いしたらよろしいですか」と先生に伺って尋ねると、「そんなもの、一括に決まっているだろう」と、豪快なる一言。さすがは我が師匠！　私は、数日後に銀行カードからローンを使って一括でお支払いました。それればかりかエンジンの調子が悪くて二件の修理を回ってやっと直ったのですが、随分と修理代がかかり大変な目に遭いました。

バブル期の二つの思い出です。あまりよくない思い出ですが、……笑えます。

この程度のことは、お金があろうとなかろうと、あまり気にしません。当時の私は、「妻がお金はないよ」と言っても「銀行には幾らでもあるから借りたらいいいから」と、嘘ぶいていました。経理をしてくれた妻には頭が上がりません。

余談続きとなってしまいましたが、そのような厳しい先生でしたが、本当に私は慕っていましたし、色々とお教えを頂き、鍛えてくださったことを今でも感謝しています。

U先生は、村田英雄さんの歌がとてもお好きで、私たち弟子にその歌を紹介し、その心意気を持つようにご指導くださいました。まだ二十代だった私は、その歌詞に随分と励まされました。

柔道水滸伝、姿三四郎など、何とも修行をするにはもってこいの歌詞です。


「人に勝つより自分に勝てと、言われた言葉が胸にしむ」

「言われて励むも修行ら、言われなくてもやるのが修行」

「つらい修行と弱音を吐くな、月が笑うぞ、三四郎」

「花と咲くより踏まれて生きる、草の心が、俺は好き」

「泣くな止まるな、やるぞと決めた、道に終わりはないはずだ」

◎無償で研修を受けてくださった師

波動療法のグループに移ったときに、パンフレット類は、ほとんど揃っていませんでした。そこで、私は、みんなが使える物を作ろうと思いたちました。が、K先生はチェックが厳しくて、なかなか先生の承諾は得られなかったのですが、何度も作り直して、やっとご承諾を頂きました。

また、月刊紙も作りましたし、ホームページやポスターも私が作りました。

そうして、それを、全国の仲間にも使ってもらうようにしました。

そのような仕事ぶりを認めて下さった先生は、グループに加入させてくださったのみならず、百万円の研修費用を免除してくださいました。

そのお気持ちに応えようと、私は関西地区の活動を活発にするために、毎月、健康教室を開催し、年に二回K先生を大阪にお招きして講演会を開催しました。出来るだけ多くの方にお越しいただけるようにと便利の良い所と思って、ターミナルビルの高級会議室を使ったりしました。今の自分にはとても使えません。

そういう私の働きを認めてくださって、私のスタッフまで無償で研修に受け入れてくださったりしました。

波動療法のK先生も、歌がお好きで、研修の後には、皆でカラオケによく行きました。先生は研究熱心、仕事熱心。しかし、飲むときは豪快に飲む、歌うときはとても陽気に歌う方でした。先生は歌唱力があって良い声で、歌がとてもお上手でした。徐々に選択する曲は変化しましたが、印象に残っているのは、カラオケに行って最後のシメで歌う『ビューティフルサンデー』でした。「きっと、スバスバ素晴らしいサンデー♪」という明るさがお好きでした。

治療をする時は、真剣に治療をし、宴会などの時には豪快に明るく過ごす先生の姿を拝見し、「さすが達人になる方は違うものだ」と感心したものでした。

◎尊敬する個性ある治療家、三人の師

私は三人の個性のある治療家の師の薫陶を頂きました。

人格者のO先生、とても革新的なU先生、凄い研究心のK先生――。

O先生は、本当に無駄なことはお話にならない方でした。怒ることはなくて、何かあっても、

「なんだってあの人は、こんなことするんだろおう」と、福島なまりで、ぽつりと一言だけおっしゃるような方でした。一度、先生と二人きりになり、「何も話さなければどうなるんだろうなぁ」と二十歳前半だった私は黙っていたのですが、そうすると先生は、ずっと二人きりでしたがお話になりませんでした。もちろん、先に話し出したのは私でした。

U先生の革新性は素晴らしいものでした。考案された仙骨療法はとてもシンプルで、磁気を使って検査をし調整用のベッドの足の部分を上げて骨盤の所を傾けて、その骨盤の部分を一センチ落下させるだけの療法を考え出されたのです。今では私の原因療法を追求する考えとは相いれないのですが、見事な対症療法ではあります。さらに、考え方が逆転の発想的でとても独自でした。

K先生は、治療にかける情熱と知識が素晴らしく、鍼からカイロプラクティックに始まり、様々な療法のことを何でもご存じで、こういう天才のような方がいるものだと驚きました。いつも治療のことを考えて、波動の研究をされていて、研究に打ち込む姿勢は、物理学者や数学者の方のようでした。さらに、利他ということを大切にしておられたのも私にとって良い教えになっております。

これらの立派な個性的な先生方から、本当に得難い勉強をさせて頂けたことに、今も感謝しております。

第三章　真癒ヒーリングになってからの変化

◎衣類とストレスとヒーリング

トゥルー・ヒーリング真癒となって、私は心のおもむくままに、研究を続けていきました。

以前は、クライアントに服を着替えていただいていました。衣類による身体へのストレスをなくすためです。クライアントにはパジャマを持参してもらっていました。しかし、あるご高齢の男性の方から、「パジャマを持ってくるのはとても不便を感じる」という苦情があり、私はオリジナルのパジャマを制作して貸し出すようにしました。

オリジナルのパジャマは、肩の動きに制限があり、痛い方でも脱ぎ着が楽で、また女性の胸元がはだけることがないように、首元に深めで細い切り込みを入れた丸首にしました。色と生地は、肌が透けず男女ともにつかえるベージュ色にしました。肩は、どなたにも対応できるラグラン袖にして季節を問わないように七分袖にしました。これで、夏も冬も、一年中使えるようにしました。ズボンの方は、締め付けの緩い細い弱い目のゴムを入れて紐で締めるようにしました。そして、横からの姿勢の観察の時に足首の外くるぶしが見れるように切り込みを入れました。

パジャマの胸の切込みとシルエットは、私個人の感想にすぎませんが、ジョルジョ・アルマーニのデザインを思わせるようななかなかの出来でした。

そのせいもあって、結構、評判が良く非売品でしたが、クライアントから譲ってほしいと言われたものです。

毎日、多くの人がご利用になられるので洗濯では追い付かないのでクリーニング屋さんに出していました。私は、こういうことでクライアントの負担を増やすことが嫌だったので、クリーニング料金の原価二百五十円に対して三百円で貸し出すようにしていました。この五十円でパジャマ代の製作費を賄えればよいと思ったのです。もちろん、パジャマは持参して頂くのは自由です。スポーツジムに行くと貸出料金の高いのには驚きますね。とにかく、親切をモットーに低価格に心がけていました。

さて、衣類のストレスの話に戻ります。実際に、衣類のストレスというのは意外とあるものです。ただ、それほどキツイものではないので、普段は、ほとんどの方が気に留めていないだけなのです。この衣類のストレスのことを初めて知ったころには、私も本当にびっくりしました。まず代表的なものは、パンツのゴムの締め付けと靴下の締め付けです。女性であればブラジャーとストッキングが加わります。

衣類以外も含めて上から見ていくと、カツラ、ヘアーピン、髪留め、コンタクトレンズ、ネクタイ、金属のボタン（これは電磁波対策です）、腕時計（磁力）、ウエストのベルト、そして、下着を含めた化学繊維などがあります。

こう読んでみて、些細なことだと思われることと思いますが、小さな積み重ねで大きな影響となるのも事実です。

こういう経験があるのではないでしょうか？

お酒を飲みすぎたり、仕事で疲れた時、ネクタイを外したら楽だと感じます。もちろん、シャツの一番上のボタンもそうです。ベルトも靴下もそうです。女性の場合であれば、お出かけをして帰宅したときに、ブラジャーやストッキング、イヤリングを外した時の解放感、もしかしたら化粧を落とした時も心地よいのではないでしょうか。それだけ化粧品の化学物質が肌に負担になっている可能性があるのです。化粧品メーカーのうたい文句程には、肌に優しくはないものです。また、香水の良いと感じる香りなどもストレスになるのです。嗅覚は短時間しか働かないもので許容量は思っているよりも小さいものです。もちろん、柔軟剤の香りもＮＧです。

そのように、衣類のストレスは大きいものなので、波動の道具によって治療をする時には着替えをしてもらっていたのです。

真癒ヒーリングとなってからは、小さなストレスには負けることがなくヒーリングが出来るようになったので、着替えもしなくなりました。ただし、あまりに影響があるように感じる場合、たとえば、キツイ靴下、イヤリング、スマートウォッチなどの場合には、その旨を説明して対応して頂いています。ところで靴下ですが、意外に思われることと思いますが、五本指靴下は要注意です。というのは、足の指の付け根の折り返しで生地が厚くなるので指に締め付けの負担がかかるのでストレスになります。なのでお勧めできません。靴下はゆるめのもの、足首の締め付けの無いものをお勧めします。足のむくみが酷くて、締め付けの強い靴下を履いた方が楽だというような方もいます。確かに、それは一つの対処としてはいいのですが、それ以上に、足のむくみがない体質になればいいだけの話です。真癒に通院して生体エネルギーが流れるようになると足のむくみはなくなり、締め付けの強い靴下が要らなくなった方は多くいます。ちなみに、足の冷えもなくなり、水虫もなくなります。

便利なスマートウォッチも問題があります。やはり一般の腕時計以上に電磁場も強いですし、本体の背面から血流の計測用の赤外線が出ている物だと特に負担が大きいのです。自宅に帰ったら、あるいは、せめて就寝する時には外すことをお勧めします。

◎外反母趾は靴の形のため

せっかくですので、身体への締め付けの話を続けます。日常においては靴の影響も、大きいものです。外反母趾でお悩みの女性の方もいると思いますが、外反母趾の原因は、靴の足先が細くなっていることによる親指への負担です。靴の足先が細くなっているために親指が内側に圧迫されて関節が外に反って変形したものです。足は、感覚が鈍いだけに自分にとって細すぎる靴を履いていても感覚だけではわからないのです。脱いだ靴と自分の足を並べて、その大きさを比較してみると、小さな靴に大きな足を、無理やり押し込んでいるような状態であることが多くみられます。その結果、外反母趾になるのです。

また、ハイヒールを履くと踵が持ち上がって指先が上に向かって反るようになった状態で歩くことになるので足の付け根の関節が変形してしまいます。

ここで、一つ知っておいてほしいことがあります。靴の影響が、外反母趾や指先の反りの問題だけで終わりではありません。

それは、腰痛、膝の痛み、イライラともなって現れる可能性があるということです。女性の方は、生理痛、冷え性、ひいては子宮筋腫、不妊症などにもなる原因となり得るのです。

楽に自然な姿勢で立ちたくても、靴が小さいと、その分、身体はバランスをとらなければなりません。歩く時にはさらに負担が大きくなっているのです。日ごろ、ちょうどいい形のストレスのない靴をはいている私は、足先の細い靴を履くと、ふくらはぎが張ってきて、翌日には筋肉痛になったりします。このように負荷がかかるということは、骨盤にもねじれが発生してしまうことがあるのです。その結果、女性であれば前述のように、生理痛や冷え性、子宮筋腫、不妊症などを作ってしまいかねません。

すでに細い靴に履きなれて感覚が破壊されている方もいることでしょう。そういう方が、ヒーリングを受けると感覚がよみがえって足先の細い靴は履けなくなったという方も、時々いらっしゃいます。

わたしは、カンペールというメーカーの靴の中でゆったりした形の物が気に入っています。とにかく、足指の中では親指の役割が大きいですから、親指の内側に曲がってしまわない形の靴を選んでほしいと思います。そして、さらにもう一点。それは、靴の内底が真っ平らなことです。土踏まずの所が盛り上がっていると土踏まずのバネの働きができなくなります。さらに靴底が真っ平らでないと、凸凹がとても負担になっているのです。足底の凸凹の指圧効果などは、一時的に心地よく感じても、害になっても本当の益はありません。

特にまだ外反母趾になっていない若い女性の方には、将来、外反母趾にならないように足先の親指の曲がらない靴を履いて頂きたいと思います。

◎姿勢の観察から筋力検査への移行

私が、かつて行っていた波動療法では、治療前と、治療の後には、立位姿勢の観察を行っていました。これは単純なことのようですが、本当に有効なことで、現代医学でも使うといいと思うほどのとても素晴らしいことです。K先生はその有効性を見抜いて活用されていたのです。クライアントの立った姿勢を観察するのです。

元々は、側弯症の検査のためにつくられた前屈時の背骨の左右の高低差を見るための観察器なのですが、クライアントの普通に立った状態の正面と側面の姿勢を見るのです。

立った時の頭の位置、頭の傾き、腕や腰の位置などを見ます。垂直線があると何とも、はっきりと、その歪みが正確にわかるものです。ちなみに、私がその姿勢観察器を購入しようと思ったところ、製造メーカーではすでに廃番になってしまっていたので、私は知人の会社社長にお願いして、シンプルなデザインに改良して作ってもらいました。すると多くの方から注文が来たということで社長からも喜んでいただき、お礼にとお昼をごちそうになったこともありました。何事も、人の役に立ち、喜んでいただくというのは嬉しいものですね。

ここで、さらに、その姿勢の変化の大切なことをお話しするならば、間違った治療をすると当然のごとく姿勢は崩れます。生体エネルギーが低下して、全身の筋力がバランス低下して背骨が歪んで重い頭を支えづらくなり治療前よりも悪い姿勢になるのです。

立った時の姿勢、すなわち、頭の位置、頭の傾き、背骨の歪み、重心の乱れた姿勢が現れるのです。単純で当たり前のことほど参考にもなり大切なものです。

この立位の姿勢観察を続けられたK先生は、立位姿勢だけで上部頸椎のわずかな骨の歪みさえ想定できる分析をされていた慧眼には、本当に驚きました。

ちなみに姿勢の変化が現れるということは、柔道整復、整体、鍼、カイロプラクティックなどの代替医療のみならず、一般の薬においても同様です。あるいは、健康食品などでもそうです。電気機器でも電磁波が強いと姿勢に変化が現れるのです。

ただし、プロの治療家でなければ、少し専門的にすぎることかもしれませんが、ここで知っておいて頂きたいことがあります。それは、人間の身体は強烈な刺激に対しては、歪むだけではなく、補正作用が働いて真っすぐにもなるということです。また、体調のひどい方の場合も、自分で精一杯補正することで逆に見た目は真っすぐなことがあります。

万能薬のように使い勝手のあると思われるステロイドは、身体を真っすぐにはしますが、それは対症療法の典型であり、使い続けると副作用が起こります。姿勢観察をすると、〝真っすぐでも重力に反発するように真っすぐにもなる〟のが、なんとも意味深で興味深い所です。

それと同じように、姿勢の真っすぐになるという変化は、抗生物質でも起こっているでしょう。

抗生物質は、身体にとって悪い菌をやっつけてくれるありがたい薬ですが、善玉菌もやっつけてしまうというデメリットもある薬です。さらには、抗生物質を使い過ぎていると、貴方が、何らかの原因で感染症になってしまった、いざというときに効果を発揮しなくなるということで、世界中の医療界で取り扱いは慎重になってきており、改革速度の遅いと言われる日本政府でさえも既に問題視をしています。しかし、それでも現状（二〇二〇年現在）の日本の医療界ではステロイドや、抗生物質を多用しており、残念ながら、その慎重にするべき抗生物質の

利用法のガイドラインの作成が遅れているようです。さらに悲しく問題なことは、医療界のみならず酪農業でも抗生物質を多用していることです。

酪農業の問題としては、動物の成長を早めるために、成長ホルモン薬などの投与もあるそうです。今の日本は、薬の取り扱いがずさんだと感じざるを得ません。

話は戻って、姿勢の観察というシンプルな検査の有用性ですが、医療業界は難しいことをすればするほど良いと思うような頭脳社会になっているから、その価値を見出していないのです。医療業界のみならず、一般市民もそうですね。どうしても、自然の道理よりも、権威を信じてしまうものです。

その点、アメリカのカイロプラクティックでは、立った状態でレントゲン写真を撮るのは、さすがだと思います。これも、B・J・パーマー博士の偉業です。しかし、先日、当方にいらしたご婦人が大学病院で立位の全身レントゲン写真を撮られていて、拝見させていただきました。徐々にこういう検査手法も大きなところでは導入していることは嬉しく思いました。最も、その活用法が追いついていないのは残念ではあります。

◎天下の難事は必ず易きよりおこる

難しいと思われる問題は、難しく考えることで解決ができると考えているところがあると思います。そのような発想が、頭でっかち人間には往々にして起こるのでしょう。物事の道理を考えないで知識にばかり頼るようになると、頭でっかちで物事を理屈で考えるようになるものです。それは、小心者や、商業主義者の陥りやすい所です。

現代の、知識偏重主義の弊害と私は思っております。とはいえ、学歴にしろ頭脳にしろ優れている方には敬意を表しております。

私も時には、優秀な方にジェラシーのようなものを感じることはありますが、それはそれで、素直に認めるように心がけています。頭脳、体力、性格、お人柄の良い方、とりわけ努力する姿勢を持った方は、とても尊敬します。

さて、改めて話は戻ります。どのような難しいと思われることも、実は簡単なことが原因であり、その積み重ねなのです。これは、しごく当たり前のことです。

中国の偉大なる聖人、老子は、この様に喝破しています。

「天下難事、必作於易、天下大事、必作於細、夫軽諾必寡信、多易必多難」

天下の難事は必ず易きよりおこり、天下の大事は必ず細なるよりおこる。

夫れ軽がるしく諾するは必ず信寡なく、易しとすること多ければ必ず難きこと多し。

（『老子』下編、第六十三章）

西洋のキリスト、インドの釈迦、中国の老子、この三人が世界の聖人となるかなあと思います。詳しいことは知りませんが、ギリシャのソクラテスもこのレベルに至るのでしょうか？　もちろん、日本にも偉大な方はたくさんいらっしゃいます。仏教界では弘法大師、親鸞上人、道元禅師……、きっと覚醒まで至った悟りを開いた方はかなり多くいらっしゃると思います。

それにしても、やはり、私は、宗教家とされる方と、哲学者では、次元というか、とても大きな差があると思っています。というのは、今の私の理解ですが、宗教家は神という見えざる世界の神秘性をも、修練をして高めた感覚によって認めるのですが、哲学者は見えないもの、思考を想像を超える、神秘的なものまでは認めない範囲で考えていると思うからです。

最も、実質的に、宗教家的な考え方でありながら、哲学者や思想家と名乗る方もいます。私は、中村天風師はそういう方だと思います。

何よりも覚醒をなし得た人間と、覚醒していない人間には、その理解の差は、天地の差があると思うのです。

文献によると、どう考えても、お釈迦様とイエス様は、覚醒されています。

老子となると、歴史的な資料も曖昧なものとなることもあり、もっと神秘的な気がします。

世の中は、ＩＴだ、何だと科学的技術は、どんどん進んでいますが、人間のあり方、生き方についての理解を深めることこそが大切であることを、肝に銘じておくべきだと思います。

◎宇宙飛行士の姿勢、ゼログラビティ検査法

立位での姿勢観察をしていたのですが、これは一見、簡単な作業なのですが、一日の来院者が、二十人も超えてくると、治療の前後に四十回もすることになり、さらに、前と横の姿勢を見ますので、八十回になります。かなり時間と共に負担のある大変な作業になっていたのです。

そうして、より良い方法はないかと考えていたのですが、見事にその願いは叶いました。クライアントの身体の状況がわかる検査法を考えついたのです。それは、治療台に寝た時の筋力検査を、今までよりも丁寧にすることで実現しました。ヒーリング用のベッドに仰向けに寝て頂いたクライアントの身体の歪みを、今まで以上に可動性の大きさを調べるのです。すると、立位の姿勢観察検査をする以上にクライアントの身体の状態がわかるのです。

この独自の筋力検査の工夫による発見は、とても大きな収穫を得ました。これは、私が、合気道をしていたこと、そして、太極拳を習っていたことが、功を奏したと言えます。合気道も、太極拳も力を使わない気の武道です。力を使わずに、相手の身体が、最も自然に動く方向を見抜くことが技となるのですが、その特性を、検査法に取り入れたわけです。

波動療法で、ご指導いただいた検査方法は、左右の足の股関節の筋肉の緊張状態をメインに見るものでした。ですから、片方の足を軽く持ち上げて膝を曲げて反対側の足に4の字に曲げて膝の上にのせるものだったのです。それを左右別々に行うのです。が、前述のように力を使わずに

クライアントの足の動きやすい方向にずっと追っかけていくことにしたのです。

そして、更に、もしも無重力状態だったらば、両方の足の曲がり具合は、どうなるだろうと考えたのです。そこで、両方の足を同時に、どこまで足が曲がるかを追っかけて行くことにしたのです。すると、宇宙飛行士の宇宙に浮かぶような姿勢になることがわかりました。

とはいえ、宇宙飛行士のように左右対称ではなく、ほとんどの人は、左右どちらかに傾いてしまいます。宇宙飛行士になる方がよほど健康体で左右対称なのか、それとも、自分自身で補正しているのはさだかではありません。

いつか、NASAアメリカ航空宇宙局やJAXA(ジャクサ)宇宙航空研究開発機構の協力でも得られて何かの機会に試すことができれば、嬉しいのですが……。将来の楽しみに取っておきたいと思います。

いずれにしろ、この検査法で分かったことは、身体の

図A　ニュートラルポジション

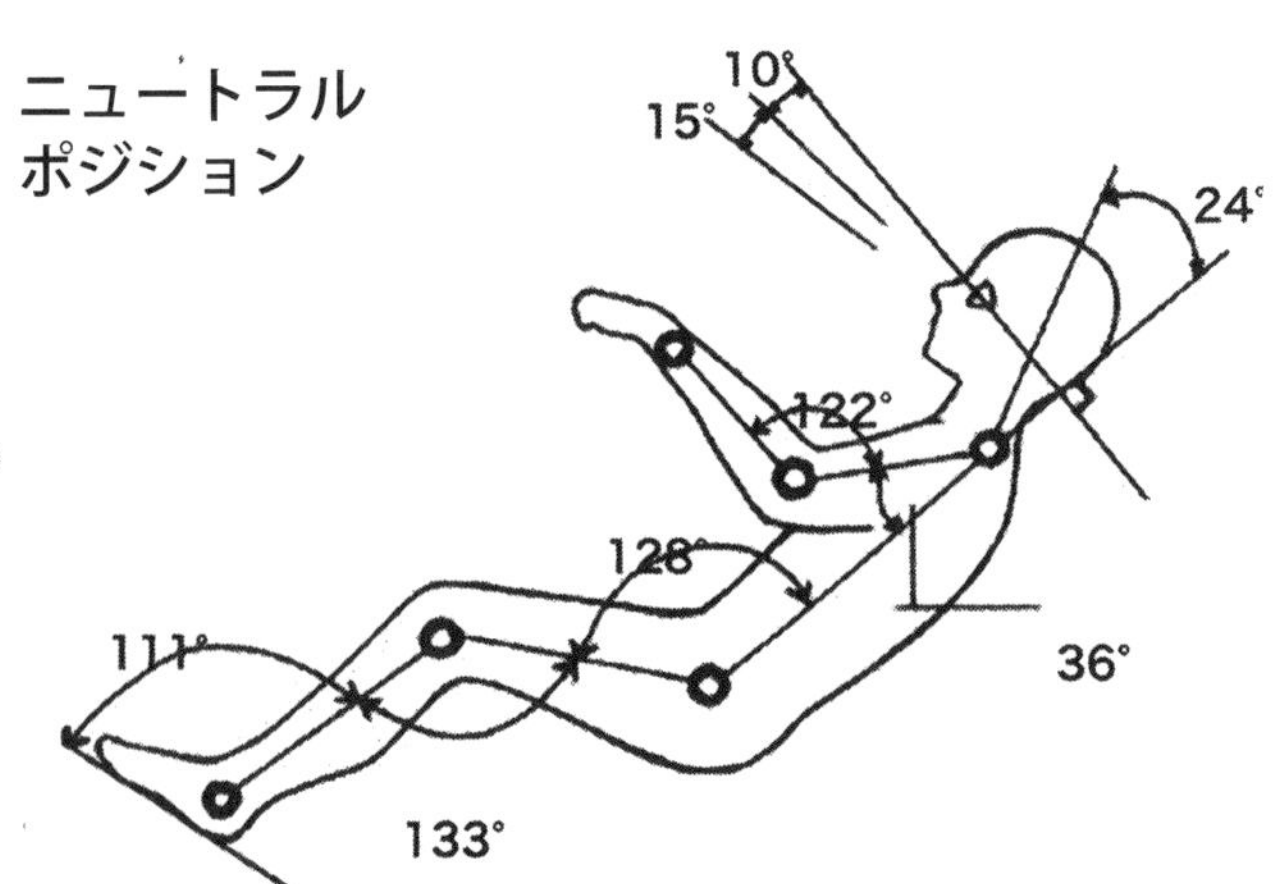

エネルギーの流れが悪い方は左右どちらかに大きく傾き、人によっては九〇度以上も捻れているのです。そして、その左右の捻れとともに、前後屈の曲がり具合も九〇度を超える場合があることがわかりました。九〇度以上の捻れか屈曲がある場合は症状が強く、さらに、捻れも屈曲も九〇度以上ある場合は、明らかに重症の方が多くなることも確認できました。

この検査方法を、ゼログラビティ・チェック（無重力検査）と名付けました。

重力の影響から解放されたストレスのない無重力の状態・ニュートラルポジションになった場合に、身体がどうなるかという検査法ゼログラビティ・チェックを発見したことで、クライアントの身体の状況が良く分かるようになりました。症状のひどい方は、腰が前後、そして、左右に九〇度以上捻れているのです。

人間は、地面に横になって寝ているとき以外、すなわち、立っている時や、座っている場合は、重力に負けな

図B

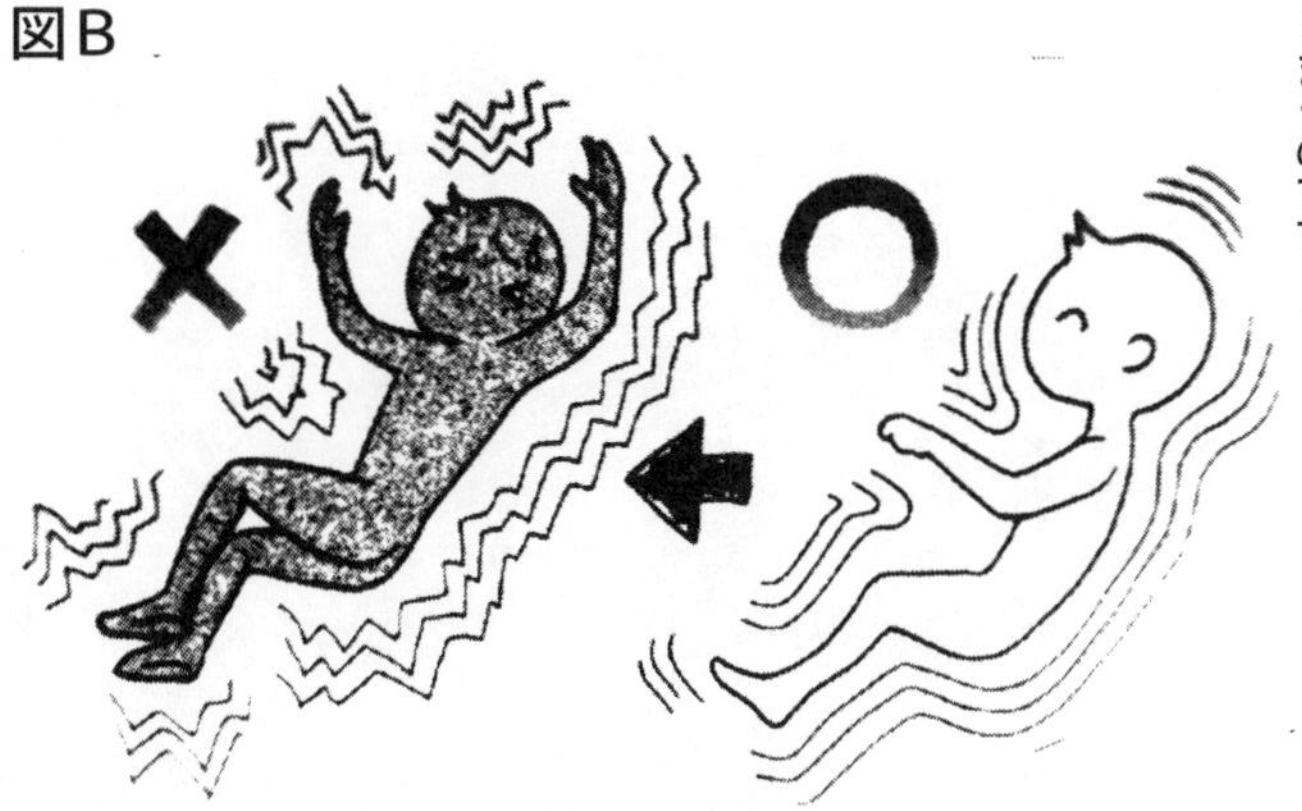

ニュートラルポジション：生体エネルギーが正常な時、人は心も体も健康で、理想的なニュートラルポジションになります。しかし、生体エネルギーが弱まるとこのニュートラルポジションがねじれて病気になってしまうのです。

いで体勢を維持するように筋力をつかわなければなりません。筋力を使わなければ、地面にベタッと横たわるしかありません。そこで、誰もが、筋力を使って補正をして立っているというのが、当たり前の事実なのです。

人間は、頭を骨と筋力で支えるようにできています。人間のみならず動物もそうですし、植物も重力に対して適応しているわけです。地球上にいるということは重力の影響を受けているのは当然ですね。そこで、その重力に対する反応をしなければならない訳です。

そのために、立った姿勢において、まっすぐに立とうとして筋肉を使うのですが、その筋肉を使っても骨格を整えきれないと、歪みとして現れるわけです。先に紹介した姿勢観察器を使うと、本当にはっきりとその歪みはわかります。多くの方は、頭が傾いています。そして、その頭は真ん中ではなく左右どちらかにずれているものです。

しかし、人は立っている限り力を入れざるを得ない訳ですが、ベッドに横になれば、筋力が抜けます。その力を抜けた状態で検査をすることで、初めて見えてくることがあるのです。それを可能にするのが、ゼログラビティ・チェックです。

現れている症状と、身体の中の状況には、違いがあるものです。筋肉にコリやハリがあると言うのは、骨格の捻れがあると言うことです。それを、筋肉を揉んだり、電気を流してゆるめても捻れは余計に大きくなるのです。これが対症療法の欠点です。身体の歪みの原因となっている身体の中を流れている**生体エネルギー**を整えてしまわないと本当の改善は起こりません。

ご本人が自覚できていない身体の歪みの状態も、この検査を行えば分かるのですから、施術を

ゼログラビティ・チェック
（無重力検査）

本人のエネルギーの流れが作る姿勢なので、見た目は辛そうだが、本人は捻じれた姿勢でも楽に感じる。

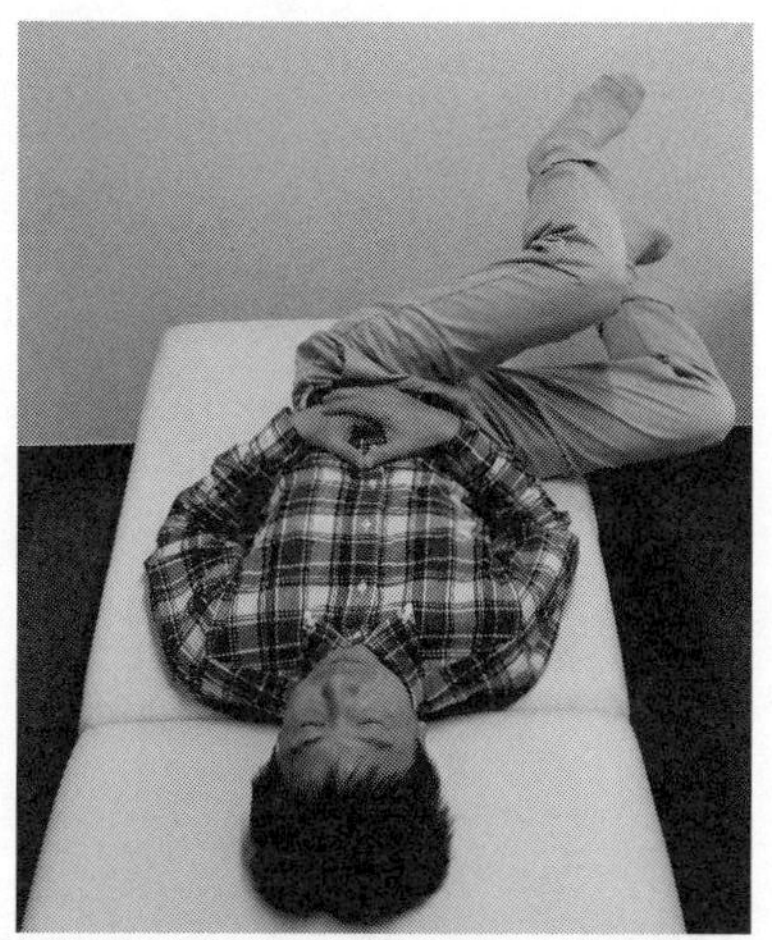

中度：ほとんどの人が右か左に骨盤が傾く。健康度が高ければ傾きの角度が浅くなる。

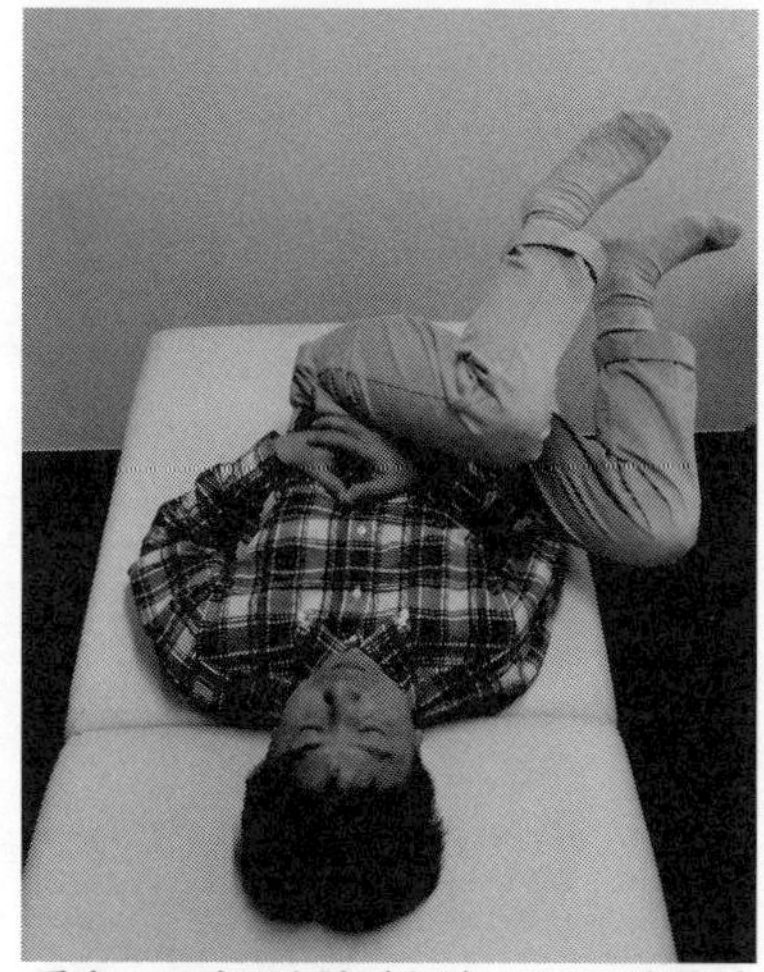

重度：90 度以上膝が上がってきて身体が丸くなる。酷い場合には傾きも 90 度以上になる。そうなると、かなり体調が悪く症状も酷くなる。

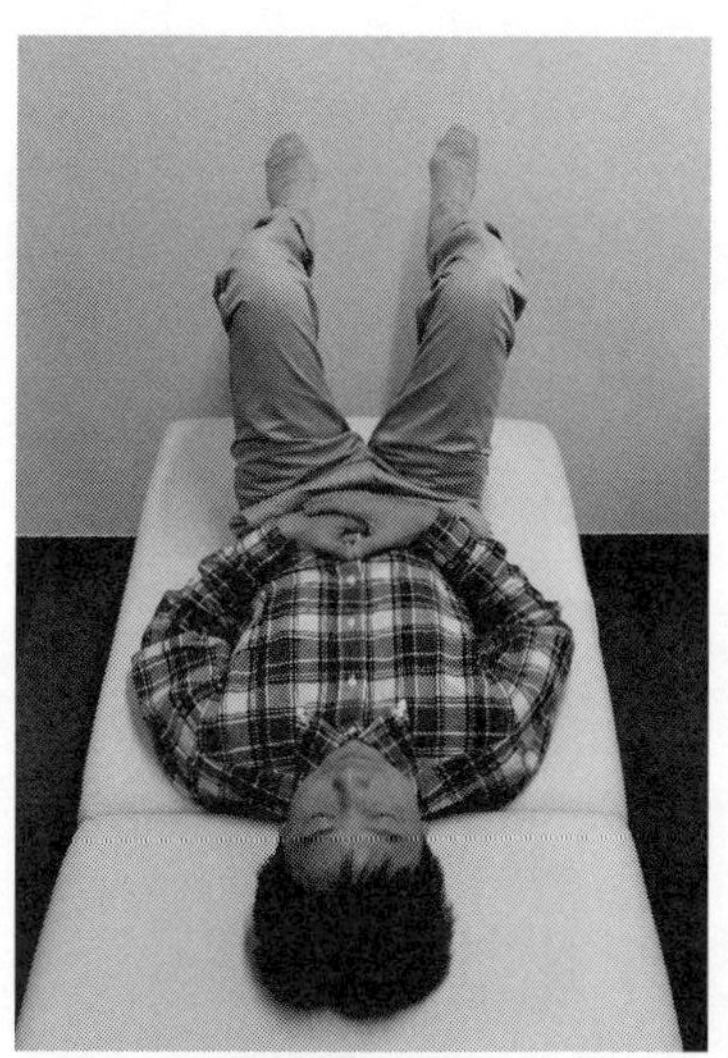

正常：足が左右対称。骨盤も安定している。こういう理想的な方は稀

する私としてはとても助かりました。それはクライアントが内臓の病気などをお持ちの場合、やはり捻れ方に現れていることでわかるからです。心臓なら心臓、肝臓なら肝臓、胃なら胃のあたりが、ゼログラビティ・チェックをした時に大きく捻れているのです。ですから、内臓の手術を必要な場合など、この捻れをとっておくことが手術の負担を軽減し、また、術後の回復が素早いものとなるのですから、現代医学でも、もっと物理的な身体の状態の重要性を認識して欲しいものです。

◎歩き方を後ろから眺めてみると、左右の足の動きが違う

人が歩く姿を後ろから見てみると面白いことがわかります。

もうすでに十年も前から足を曲げる検査で、内側に曲がる足は股関節を痛めやすく、外側に開く足はひざを痛めやすいことは確認できていました。それを、歩いている人の歩き方で、改めて認識することがありました。たまたま、前を歩いている人の歩き方をみて何か変だなあ、と強く感じたことがあったのです。そこで、足の歩みの動線を観察してみました。

歩く時、当たり前のことですが、左右の足の片足ずつ交互に上げます。まずは、その足を上げた瞬間の動きが問題なのです。

足の動きは、骨盤と股関節の捻れの影響が現れるのです。股関節の靭帯や足の筋肉の状態が足の開き具合に反映されるのです。

骨盤が外側に開いている足は、持ち上げた瞬間、外に向かって開き始めます。それは、骨盤と股関節の影響が現れるのです。そして、足が着地するときには少し内側に向いて真っすぐになろうとします。開きすぎた足を無意識に戻そうとするからです。

次に、骨盤が内側に閉じたようになっている側の足です。この足も、実は少し外側に開こうするのですが、それは少しだけで、外側に開こうとするのではなく、足先を前に出すために真っすぐになろうとしているのです。そして、その足が着地する少し前になると内股気味になります。そして、踵から着地して指先側が内に入ってくるのです。

こうして、歩くたびに関節に負担がかかっているのです。

股関節や膝関節に捻れのトルクがかかることになります。足先が外に開いた足は膝に負担がかかり、膝痛や、変形性膝関節症になります。足先の閉じた足は股関節に負担がかかり、股関節痛や、変形性股関節症となっていくのです。

ですから、関節部分に注射やシップをすると楽にはなるにしろ、この骨盤と股関節の捻れを治して、歩き方を正常にさせてしまわないと、徐々に徐々に関節は、湿布や注射をしていても悪化し変形してしまうのです。

骨格の状況というものが、関節の問題の鍵となるのです。

◎骨盤の歪みを確認する簡単な方法

この骨盤のゆがみの検査は簡単に、自分自身でもすることができます。

(1) 足踏みで確認する方法

・立って正面を向きます。
・正面を向いたまま目を閉じて、十回ほど足踏みをします。
（大切なのは、姿勢を良くしようと思わないで力を抜いて楽に行います。）
・目を開けて足元を見ると左右どちらかに少し足先が向いていることでしょう。
・もっとも、上記のように足踏みをしなくても無意識に立っている時に、足元を見れば、同じように自分自身の骨盤の捻れが、立ち方に現れていることが多いものです。

(2) 靴底のスリヘリで確認する方法

・靴の踵の外側がすり減っている方は、足が外を向いている訳です。靴のスリヘリが歩行と体重のかけ方を如実に物語っています。

(3) 入浴時に確認する方法

・入浴時に湯船につかっている時に、身体の背中は湯船にもたれていても骨盤の歪みが現われ、膝がどちらかに傾くのです。

◎脊柱の捻れを確認できる、スパイラル・リーディングの発見

ゼログラビティ・チェックを行い、腕の位置を加えて身体の歪みを見ていくと新たな発見がありました。それは、足の向きと腕の向きが、同じ側であったり、反対側になることがあり、そこに、ふと疑問が生じたのです。

その検査をずっと続けていくうちに、ヒーリングを受ける初めのうちは足と腕の方向が逆のことが多いのですが、徐々に、同じ側の人が増えてくることがわかりました。そして、歪みが同側の人の方が体調が良くなっているという事実です。足と腕が同じ方向に向いているということは、腰の骨（腰椎）に捻れがないということだと気づきました。そして、当然のことですが、足と腕の方向が逆ということは、腰の骨（腰椎）部分に捻れがないということです。我ながら面白い発見が出来たことに喜びました。

簡単なことのようではありますが、私にとっては新たな発見であり、とても嬉しい出来事でした。

クライアントは、自分の身体がどうなっているか心配されていることと思います。そこでこの検査をすれば身体の状態を正確に把握してお伝えできるので、とても大きな価値があるのです。

とは言え、この検査の大きな価値があまり伝わらないように感じることもあり、忸怩たる思いをすることもあります。身体の歪みの意味を軽視しすぎているのです。身体の歪みは、物理的には大きな意味を持つものですから、その大切さをご理解いただきたいと願ってやみません。

さらに、真癒となって、私自身の背骨の構造の研究は進みました。研究という表現は大げさかもしれませんが、意味深い事実の探求であることは間違いありません。

今度は、両腕を、万歳をするように手を挙げてもらいました。すると、同じく足や手と同じ側であったり、反対側になることがわかりました。

仰向けに寝た状態で、両手を五十センチほど持ち上げる腕の中立の状態と、万歳のように顔をこえて頭の上の両腕を伸ばした方向の関連性もわかってきました。中立と万歳が反対側になるということは、胸椎に捻れがあり、鎖骨や肩甲骨が傾いているということなのです。当然、同側であれば胸椎の捻れ、肩甲骨の傾きが少ないということです。

◎スパイラル・リーディングのさらなる3から4への進化

ゼログラビティ・チェックから進化した、スパイラル・リーディング。

骨盤、腰椎、胸椎（肩甲骨）の歪みがわかることになりました。こうなると、自然にもう一つの歪みを確認する必要性に気づきます。そうです。頸椎です。

クライアントに仰向けに寝て頂いた状態で、頭を保持して左右に動かすと落ち着きのよい所がありります。その落ち着きのよい所が、その人にとって自然な場所になるということです。

今までの足、腕の中立、腕の挙上に、頸椎の歪みを追加して検査をすることにしました。すると、もう一つの左右があらわれたことで、四つの歪みを確認して、その関連性を確認していきました。すると、定期的にヒーリングを受けて改善してきた方は。首、肩、背中、腰と、右なら右ばかり、あるいは、左なら左ばかりになりました。ここで、首を先に書いたのは、生体エネルギーは脳から流れるからです。エネルギー的に説明をする時は上から書きます。しかし、検査は基本的に足からしますので、足、腕の中立、腕の挙上、首の順番で表記することになります。

定期的にヒーリングを受けて健康レベルの高い方は、脊柱の捻れがなくなっていて、左右対称あるいは左右のどちらかに、わずかに傾いてはいるものの、生体エネルギーは回復していていてスーッとよく流れている訳です。この状態は、生体エネルギーの流れがよく、着実に健康体へと移行していく方です。

ヒーリングを受けてしばらくの間、あるいは、遠隔ヒーリングを受けて下さっている方は、首の左右の傾きは右か左を向いた方が楽になりますが、足、腕の中立、腕の万歳は左右対称になります。首の歪みは少しあるものの生体エネルギーの流れがとてもいいわけです。こういう方は、症状はどんどんなくなり、精神的にも安定してきて極めて良い状態の健康体になります。

前著書の量子波動療法では、遠隔ヒーリングでは対面ヒーリングよりも効果が弱いと書きました。が、しかし、あれ以来、一年と少し経ちましたが、どんどん遠隔ヒーリングでも効果は上がってはおります。とは言え、やはりエネルギーの低下が著しい、あるいは身体の捻れが酷い場合に

スパイラル・リーディングの判定の仕方

検査は、ベッドに仰向きに寝た状態で行う。実際の検査では、さらに、手を挙げた状態、首の捻れも確認する。

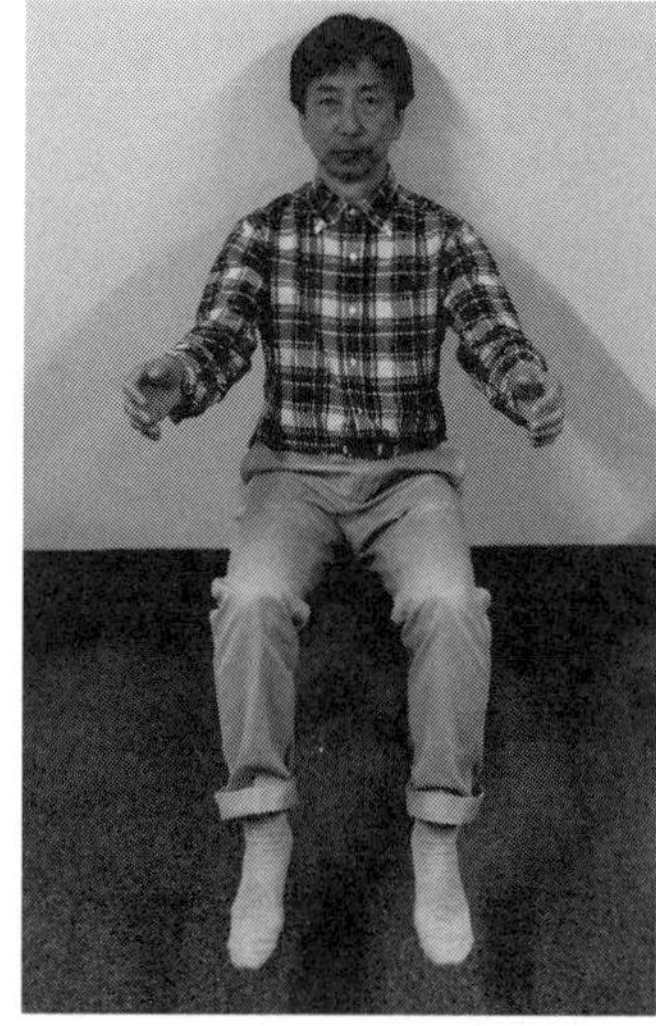

正常（理想的）：左右対称でエネルギーの流れが良い。

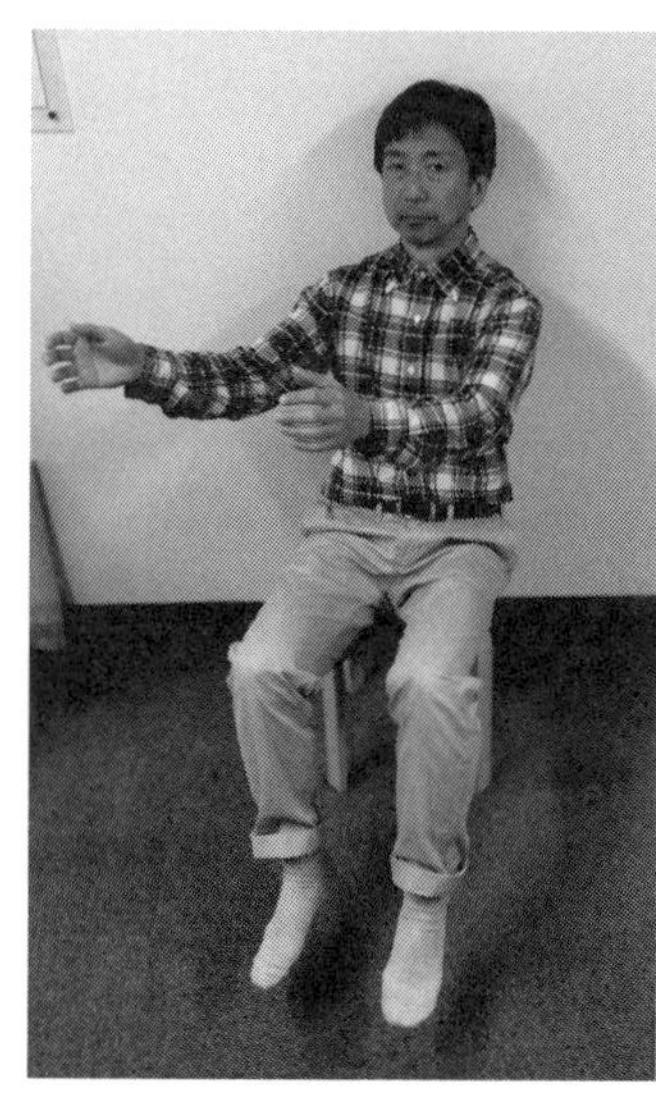

軽度のエネルギーの流れが低下なので、脊柱に傾きはあるが捻れはない（顔・腕・足が同側）。

エネルギーの流れが低下しているために、脊柱に捻れが発生している（腕と足が逆側）。

は対面ヒーリングをした方が望ましいと感じる時があります。しかし、これからも、遠隔ヒーリングのレベルも上がっていくものと楽しみにしています。

◎足の位置と捻れの関係が逆の場合がある

スパイラル・リーディングは、背骨の捻れの状態、脊柱管の中の脊髄神経の流れの状態を推定できることになりました。無重力状態の身体の状態を読み解くことの出来るグラビティ・チェックから、さらに大きな進化をはたしたのです。が、ある時に、またまた新しい気づきがあり、さらなる深化をとげることになりました。

それは、足の位置と捻れの関係です。

足は、通常、指先が外向く場合は、足の踵の位置も外側に来るのです。外旋、外転という状況になります。そして、指先の内向く足は、踵も内側に来るものなのです。医学的に言うと、外旋、外転。あるいは、内旋、内転ということになります。

しかし、外転の内旋。あるいは、内転の外旋の方が稀にいるのです。足の回旋と開く位置が反対の場合です。これは、骨盤の向きと足の向きの違い、すなわち、股関節でも捻れが発生しているということです。

この足の向きと位置の逆転現象は、ずっと以前からややこしい状態だとは気づいてはいました。私の統計では、股関節のとても強い症状が出ている方に現れていました。このパターンは女性に

開脚判別

仰向きに寝た足の状態だけでも、かなり身体の事がわかる。中央縦白線を身体の中心線としてみる。

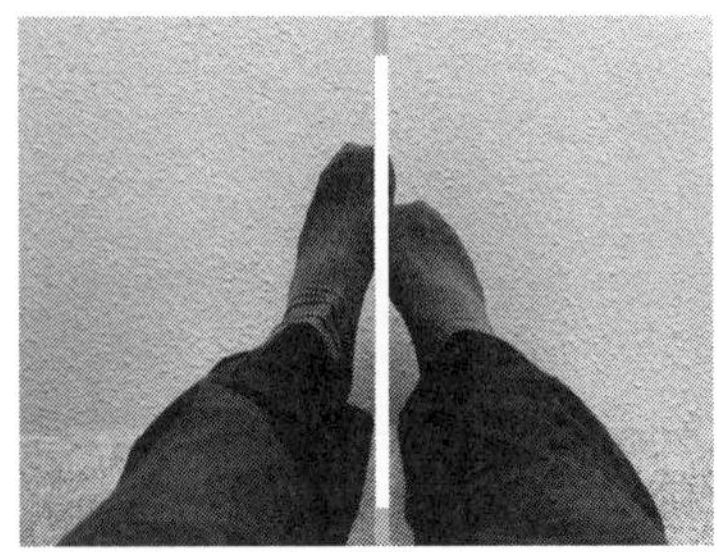

開脚判別［中度］足が閉じている 食べ過ぎや内臓の疲れた時、足が閉じ気味になる。

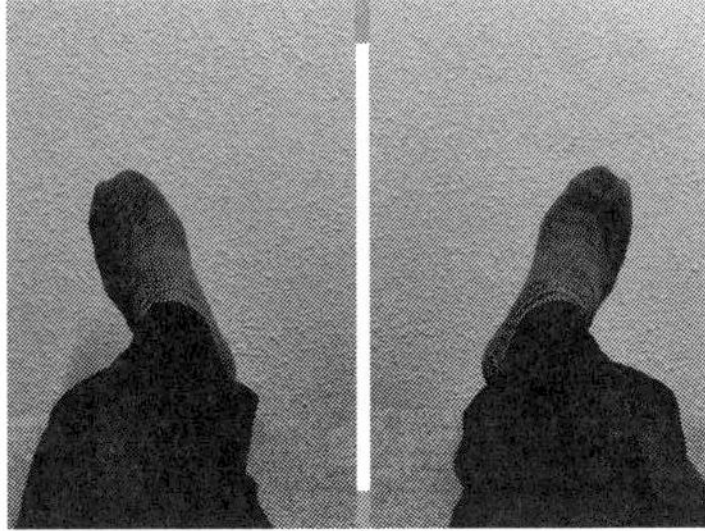

開脚判別［正常］足が開いて左右が対象。

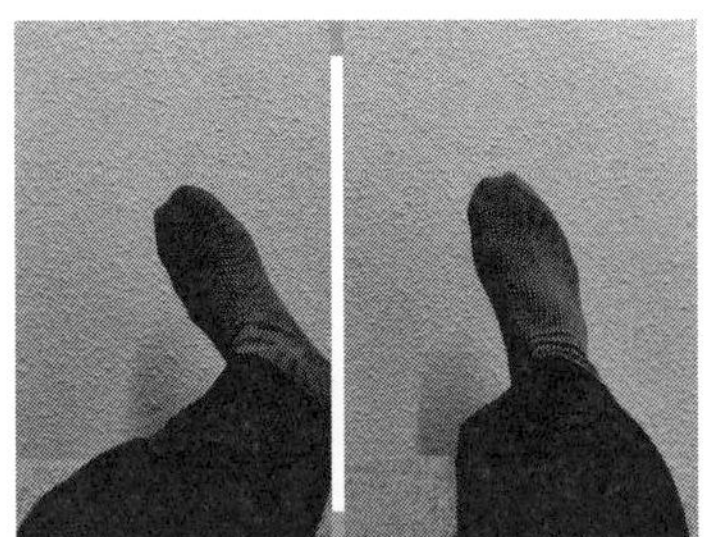

開脚判別［重度］開いた足が内側にきて閉じ気味（外旋の足が内転している）。

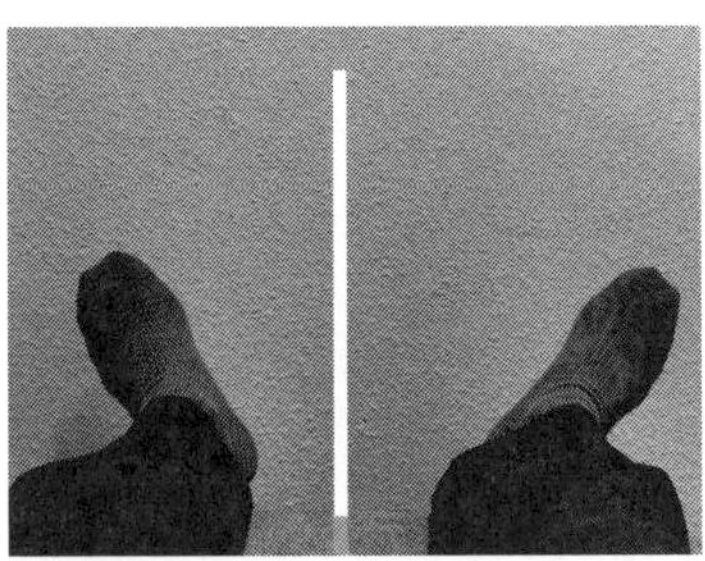

開脚判別［軽度］どちらかの方に足が強く開いている（右足が外旋）。

多く、先天性股関節脱臼や、変形性股関節症の方が多いのです。この事実を、スパイラル・リーディングに加えて考えてみることにしたのです。そうすると、そこには、またまた深い意味のあることが分かったのです。骨盤の捻れだけでは補いきれないために、今度は、股関節が反転しているということなのです。骨格は、骨と骨が筋肉と靭帯によって接続されている訳ですが、捻れが強くなったことで補えなくなると反転するのです。これは、背骨の逆転現象と同じ意味を持ちます。

こういう反転した足の人は、足どりはとても重くなっていて、平坦なところを歩くだけでも、力を使うことになり、日常生活でもかなり苦痛を感じるレベルになっているものです。

◎頭の位置にも歪みは現れる

スパイラル・リーディングで、様々なことがわかるようになり、クライアントの状況とその関連性があきらかになってきました。

さらに、新しい発見がありました。それは、頭の回転と、頭の位置です。こちらも、通常は、足の場合と同じように、顔が外を向く方が楽な場合は、頭の位置が外に来ます。しかし、稀に、頭の位置と回転は逆という人がいることが分かったのです。股関節の場合と同じで、逆転してバランスをとるのです。

頸椎、胸椎、腰椎、骨盤股関節の捻れの五つに加えて、今度は。頭の位置でも補正があるのです。ちなみに、首には歪みが三つあることもわかってきました。それは、上部頸椎と中部頸椎、下部頸椎です。首には七つの骨があります。七つもあるので、上部と中部、さらに下部の三ヶ所で捻れが発生する訳です。

ややこしいことですが、回転と傾きもある訳で、通常はどちらかが現れるのです、回転と傾きが共存しているということです。こうなると身体の中で捻れが多くなるので、体調は良くなくなります。精神的にもかなり不安定になってきます。普通にしていても不安感があり、少しのことで悲観的になったり、腹を立てたり、イライラしたり。悲しいことに、自己否定する思いが強くなるのです。

これらの脊柱の捻れが取れれば、それに比例して精神的に安定してきます。背骨の捻れを解消すれば、それだけ体調は良くなり精神的にも安定して、幸福感を得られるのです。

服薬をして体調をコントロールするのも一つの方法ではありますが、身体のエネルギーの流れを回復することが本質的な解決になるのです。

◎背骨の捻れで、日常の幸福度まで変わってくる

背骨の捻れがなくなればどうなるか。背骨の捻れがなくなれば、地球の重力にたいしてストレスなく立つことができて、バランスをとるために無駄な筋力をつかうことがなくなります。

逆に、背骨の歪みのある方は、バランスをとるために普通に立っていてもいつも筋力を使っていないといけません。だから、疲れやすくなりますし、緊張を伴いやすくなります。真癒ヒーリ

ングを受ければ歪みは解消していくので、背骨が真っすぐになれば無駄な筋力を使わなくなるので疲れにくくなりますし、不安感、イライラも減少していきます。そして、幸福感をえられるようになるのです。

【正面・側面から見た姿勢に歪みがあった場合】

ヒーリングをして生体エネルギーの流れが良くなってくると、次のような立位の変化が現れてきます。

中心線から左右どちらかにずれていた頭（鼻）の位置が、まず、真ん中に整ってきます。頭が中心線上にくると、それだけで、ずいぶんと身体は楽になります。何しろ重力に対しての対応力がぐんと上がるからです。その後、徐々に背骨が真っすぐになってきて、次に肩の高さの違いや、首の傾きが消えてきます。

次に、立位の側面の変化を言うと、ほとんどの人は、頭が前に出ているのですが、頭の位置がしっかりと胴体の上に載るようになってきます。

生体エネルギーが流れ出して首の後弯が復活しようとするからです。すると、肩が軽くなります。肩こりのある方は、頭の位置が胴体よりも前にあるから、それ以上は落ちていかないように首の筋肉がつねに緊張して守っているわけなのです。肩を揉んでもらってもすぐにまた肩が凝るのは頭の位置が胴体よりも前に行っているのが基本的な問題なのです。もちろん、頭の位置が正中線よりも左右になっていたり、傾いていても首の筋肉が、頭の位置を保持しようとして肩こり

立位姿勢観察のポイント

生体エネルギーが整うと姿勢も良くなる。
左右対称で、頭も肩も傾きがなくなる。
放置していると骨格も経年劣化が起こり変形が進む。

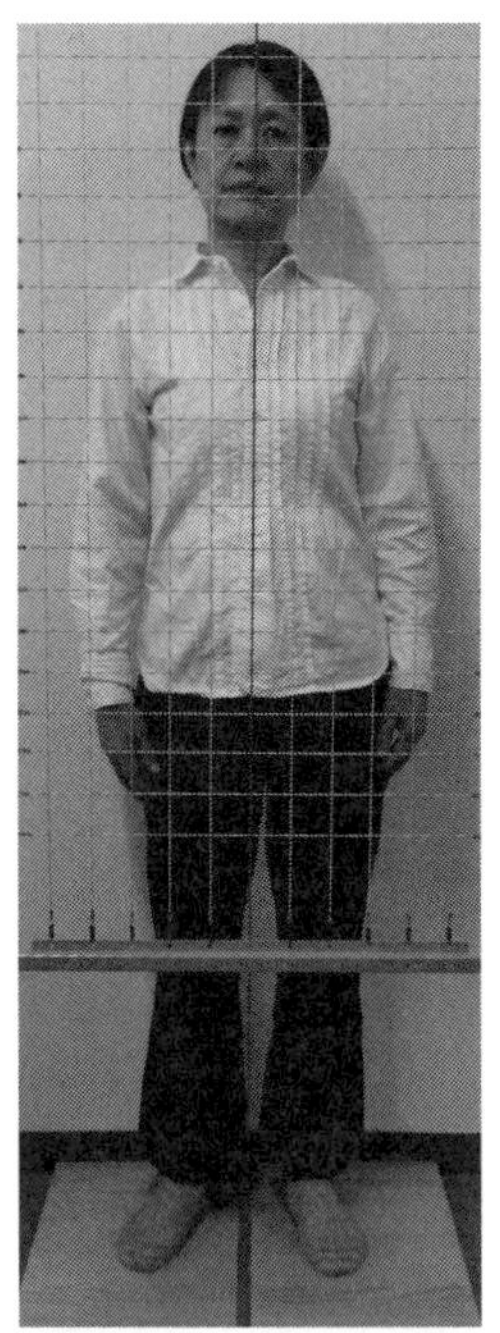

重度：頭の位置がずれて傾きもある。更に骨盤の中心が逆になっている。

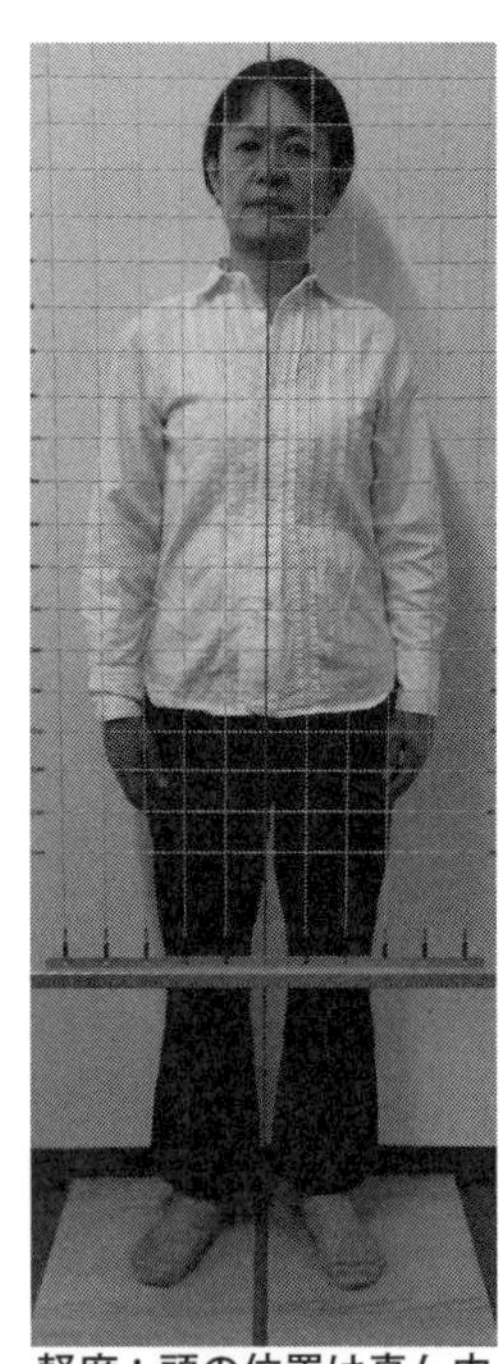

軽度：頭の位置は真ん中にあるが傾きがある。骨盤の位置が頭の位置と同側。

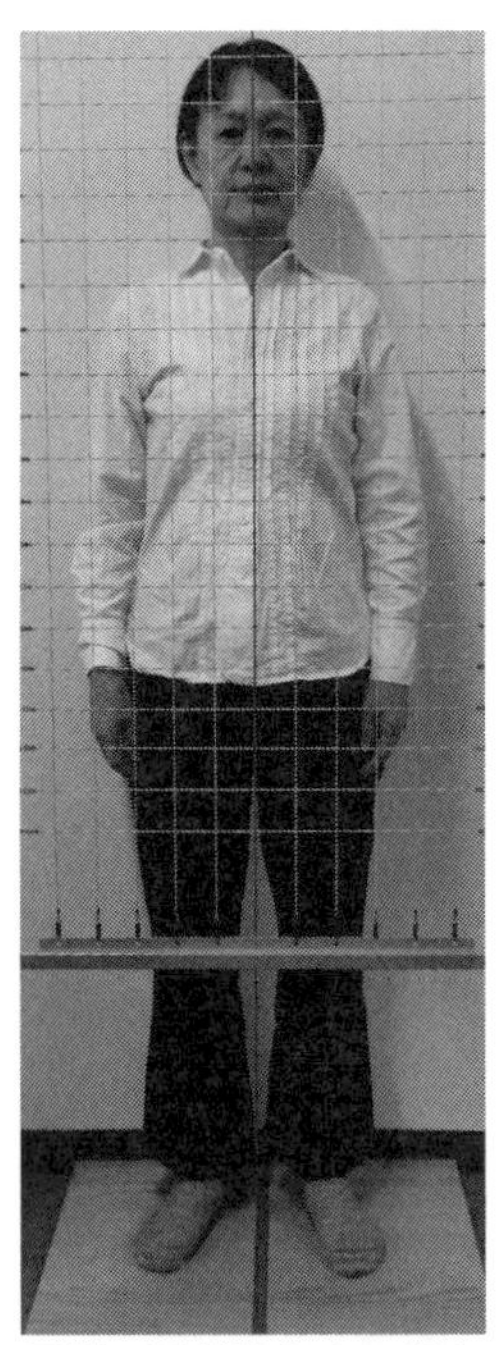

正常：頭が真ん中で傾きがない。

が生まれます。肩こりも、実は身体のバランスを補おうとする働きであることを理解しておいてほしいと思います。

◎脊柱と脊髄神経の関係

脊髄神経というのは、背骨の中を通っている神経の束です。脳から続いて身体全体に神経電流をながすための通路です。ちなみに、脳（大脳、脳幹、小脳）と脊髄を、中枢神経といいます。

脊柱というのは、頭蓋骨と骨盤の間にある二十四個の骨が積み重なって構成される骨の柱です。一般的に背骨と言いますね。この背骨の中には前述の脊髄神経が通っているのですが、背骨の役割の一つは、とても大切な脊髄神経を守ることです。電気コードが動線の周りを紙等の絶縁体で包まれて、柔軟なビニールで覆われているのでショートせず、曲げたり伸ばしたりできるのと同じです。さらに、背骨は二十四個の硬い骨がで身体を支えなければなりません。それでいて、身体を自由に動かすための柔軟性も要求されます。そのために椎間板というゼリーのようなものがあり、さらにその椎間板は足からの強い衝撃を吸収する役割を担っています。背骨とは、何とも素晴らしい仕組みですよね。しかし、更にこの椎間板には役割があります。それは、椎間板によって骨と骨との間にできた隙間から、脊髄神経から枝分かれした神経の通り道となるのです。脊髄神経は脊柱だけでなく骨盤の真ん中にある骨、仙骨、そして、その下にぶら下がるようについている尾骨からも枝分かれしていて三十一対の神経があります。さらに脳幹から枝分かれした脳神経をくわえて、末梢神経と言います。

この骨と骨の隙間から枝分かれしている末梢神経が、時に問題となります。それは、骨と骨との隙間を通るのですから骨の歪みの影響を受けるのです。骨と骨のつながりの部分で歪みができれば、それだけ脊髄から枝分かれした神経の通路が狭くなったところができるからです。そうなると、神経電流は電気的にショートしたような状態になります。すると、その先の、神経電流、生体エネルギーを必要としているところにエネルギーの不足が発生することになります。そこが、痛みや痺れ、麻痺となるわけです。また、脊髄神経から枝分かれした神経の行き先が、内臓であるならば、その内臓の働きは神経電流・生体エネルギーが低下することになって内臓機能が不安定になるのです。

ですから、背骨の歪みを治すことが必要になってきます。これは、カイロプラクティックの一般的な定説です。

椎間板ヘルニアは、椎間板がヘルニア（飛び出した）になったので神経を圧迫して、神経電流・生体エネルギーが十分に流れないために痛みや痺れになるのです。ちなみに、神経が弱くなると、痛みがおこり、その状態が強くなれば痺れとなり、さらに酷いと、麻痺するのです。痛みより、痺れや感覚の低下は、それだけ状態が悪くなっているので、基本的には、治癒するにも回数がかかります。

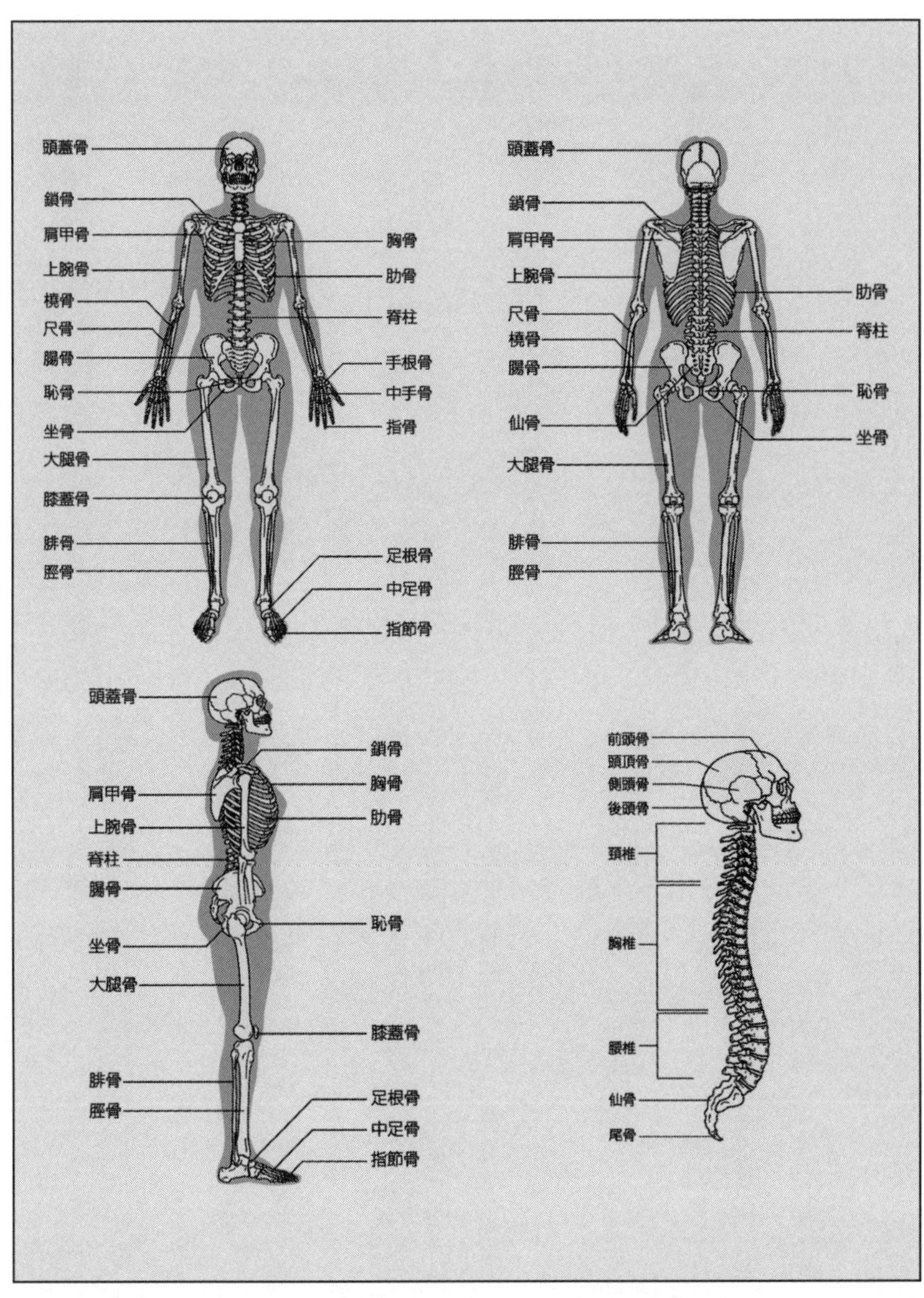
頭蓋骨
鎖骨
肩甲骨
上腕骨
橈骨
尺骨
腸骨
恥骨
坐骨
大腿骨
膝蓋骨
腓骨
脛骨
胸骨
肋骨
脊柱
手根骨
中手骨
指骨
足根骨
中足骨
指節骨
頭蓋骨
鎖骨
肩甲骨
上腕骨
尺骨
橈骨
腸骨
仙骨
大腿骨
腓骨
脛骨
肋骨
脊柱
恥骨
坐骨
頭蓋骨
肩甲骨
上腕骨
脊柱
腸骨
坐骨
大腿骨
腓骨
脛骨
鎖骨
胸骨
肋骨
恥骨
膝蓋骨
足根骨
中足骨
指節骨
前頭骨
頭頂骨
側頭骨
後頭骨
頸椎
胸椎
腰椎
仙骨
尾骨

◎身体の理解、歪みはバランスをとるため——という考え方

背骨が曲がったり、症状が現れてくれれば、それはすべて悪いことと考えます。しかし、ここで少し、考え方を、見方を、変えることが必要です。もっとその意味合いを考えることが必要です。というのは、自分にとっての不都合を悪いことだと一方的に見るのではなく、身体の歪みや、症状も身体のバランスを取ろうという意味合いがあるというように、ちょっと違う見方、深い見方をしましょうということです。

ずっと、スパイラル・リーディングの説明をしてきて、背骨の歪みが悪いように理論展開をしてきました。しかし、この歪みがあるからこそバランスを保っていられるのです。背骨が歪むことが出来なければどうなるでしょう。ポキッと折れるかもしれません。あるいは、立てなくなります。

背骨が歪むことでバランスをとって補正ができるのも有り難いことなのです。

もちろん、痛みがあって、とてもつらい状況の方にはこういう考えは、屁理屈だといわれるかもしれません。しかしながら、こういう自分にとってマイナスと思われる現象も必要であると受け止めて頂きたいのです。自分にとって、その場では都合が悪いとはいえ、身体の補正作用であり有難いことなのです。

例えば、椎間板ヘルニアになれば、椎間板が神経を圧迫しないように背骨を曲げて楽な位置を

選びます。だから、このように背骨の歪みもバランスを取ろうとしている働きなのです。そして背骨の歪みのみならず、身体は、生体エネルギーが低下した状態、すなわち気が病んでくると様々な症状が現れます。症状を作ってまでして身体を守ろうとしているとも言えるのです。

身近なところでは風邪もそうですね。風邪をひくと、高熱、節々の痛み、咳、のどの痛み、くしゃみなどが現れてきます。しかし、これらは身体の防御作用なのです。そのことを理解すると、高血圧や、高血糖などもそれなりに身体の補正作用が働いているという意味がわかってくるのです。

また、症状がでることで、身体からのメッセージにもなっているのです。実は、身体はいつもメッセージを発してくれているのです。食べ過ぎだったり、食べ物の質の問題だったり、寝不足だったり、過労だったり。そういう身体への過剰な負担を我々が見落としているから、どんどん、大きな声になって来るのです。

そして、「気づいて下さい！」「こんなことをしていてはだめだよ！」「もう限界が近づいているよ」という気付きのサインを、症状として身体の内側から送ってくれているのです。

◎病気や不調になるには必ず原因がある

私は、カイロプラクティック、仙骨療法、波動療法と学んできて、何度も、何度も、身体の回復を奇跡のように感じることに遭遇しました。そうすると、身体が悪くなったという見方だけで判断するのは、何とも悲しく、理解の浅いものだと感じるようになったのです。肉体が、歳をとったら悪くなる弱々しい不完全なものだというよりも、身体というのは何とも、奥深い、素晴らしいものだという思いの方が強いです。

そこで、クライアントが、こうおっしゃることがあります。

「私の右側の膝がとても悪いんです。近頃、胃の調子も悪くて……」

その返答には、こうです。

「あなたの膝（胃）が悪いのではありませんよ。膝は、かわいそうな被害者なのですよ。実は、加害者がいます。それは、何をいわんや、あなたご自身です。でも、もちろん、貴方は悪いことをしているとは思っていないでしょう。あなたの生活の仕方に無理があるので、こういう事態に陥ったのです」

身体は、偶然、悪くなりません。偶然、病気にはなりません。ただ歳のせいだけでは病気になりません。天気のせいでも気候のせいでもありません。もちろん温度変化や冷え込みの影響はあります。が、その区別ははっきり理解しておくべきです。この世は、実は、偶然はないのです。すべては必然です。

偶然、空からアイスクリームが降ってくることはありません。偶然、朝、目が覚めたら逆立ちになっていたということもありません。もしも、目が覚めたら逆立ちをしていたとしたら、前の晩から逆立ちで寝ていたのでしょう。そんなことはないですね。冗談です（笑）。

しかし、身体の状態が悪くなったのは、身体の取り扱い方法を、うっかりと間違ってしまった結果なのです。あるいは知識が不十分だからです。

この世の中は、必然です。因縁因果という言葉があるように、原因があるからこそ結果が現れるのです。人間、老化現象はあるにしろ、歳のせいだけで病気になると考えるのは禁物です。

私は、物事を原因から考えるのが好きです。結果だけで判断をしません。なぜ、こうなったのかということを考えると、必ず原因は見つかるのです。

真癒にお越しの方が、ヒーリングを受けても改善しない場合、私は必ず原因を探っていますが、ほとんどの場合、その原因を発見することができています。

◎肉体的な問題か、生命力の問題なのかを分類する

病気、症状が現れた時に、肉体的な問題なのか、それとも、生命力の問題なのかをハッキリとすることが大切です。人間は、肉体と生命力によって、人間たらしめられているというのが厳然たる真実です。

そこで、肉体の問題か、生命力の問題なのかをしっかりと判別することが必要なのです。

現代医療は、肉体へのアプローチのみに偏り過ぎているのです。それゆえに、四十兆円以上もの医療費の増大を招いているのです。肉体とともに、生命力の回復を促すことがとても大切なのです。もっとも、生命力の回復を促すことのできる医療・治療はほとんど行われていないのです。

対症療法でもかなり優れたものはあり、有効な場合もありますが、本当に、生命力を、力強い回復を促すことのできる方法は原因療法だけなのです。そこで、原因療法のできる人が増えることがとても大切なのです。ですから、私は、波動療法の時代にも、今の真癒ヒーリングになっても人材育成のためのスクールを開設しているのです。あなたも、興味をお持ちになられたら、是非、原因療法を行えるヒーラーになってください。ヒーラーが不足しているのです。

健康な時には、身体のことを意識することはありません。しかし、症状が現れると、それをきっかけとして、身体を意識するようになるものです。ですから、その部分を何とかしたい。と思うものです。そこで、症状のある身体の部分に何かをします。それはそれで、症状を一時的に楽にするのも喜ばれることとです。

しかし、もっと身体のメカニズムを冷静に分析することとです。大切なのは、人間は、肉体と生命力によって、人間たらしめられているという厳然たる真実です。肉体は見えますが、生命力は目に見えません。そこで、患部そのものを治そうと思うようになるのです。が、しかし、ここで目に見えない生命力にも目を向けることが肝要なのです。その病気や症状が肉体的な問題なのか、生命力の問題なのかを分類することとです。ケガや骨折は、その部分の肉体的問題です。あるいは胃に穴が開いた、とか、椎間板ヘルニアになった。というのは肉体的なそれも物理的な問題です。しかし、凝りや痛み、疲労があらわれるというのは、肉体的問題というよりも生命力、生命エネルギーの停滞が問題なのです。いま、二つに分類しましたが大きく分けても三つに分類することが必要です。

◎肉体的問題か、エネルギー的問題か、複合の問題なのか

肉体的な問題とは、前述の通り、怪我や、骨折です。身体のエネルギーの流れに大した問題もない時に事故にあったり、転んだりして外的な問題がきっかけで症状が現れた場合です。あるいは、変形しはじめた血管や臓器もそうです。出血や外傷が現れたなら、速やかに肉体次元の処置が必要になります。

エネルギー的な問題とは、疲労感、内臓の機能低下、歩行困難、凝り、痛みなどです。特別な外的な要因がないのに、生活の中でジワジワとエネルギー不足が現れてきた症状ということができます。複合的な問題は、本来生命力の問題だったものを放置しておいたことで、肉体面に顕在化した場合のことです。前述のように、胃に穴が開いてきた。椎間板ヘルニア、などの場合です。こういう場合、物理的に手術などの処置をすることが必要な場合もありますし、それとともに、生命エネルギーの回復を促すことが有効です

病気という言葉がありますが、これがまさに言い得て妙なのです。東洋医学では気血という言葉があります。人間の肉体の中に、気と血が巡っているというのです。気は見えない体内のエネルギー、血は、血液とともに体液の総称したものと捉えられています。

気と生体エネルギーは、ほぼ同じ意味を持ちます。次の項で詳しく説明させていただきます。

ケガや骨折でない場合に、気が病んでしまった場合、すなわち生体エネルギーが弱くなれば、それに正比例して身体の機能が低下します。それらの影響で、内臓であれば内臓の働きが低下してきます。筋肉であれば筋力が低下しますし、神経であれば痛みや痺れがでてくるわけです。

それでありながら、現れている肉体を整えようとしても、効果は得られません。効果が得られたと思う時は、生体エネルギーが徐々に回復してきたからにすぎません。いわゆる「日にち薬」というものです。一時的に無理をした場合には、自然と生体エネルギーが回復してくるのです。ケガと病気は大きな発生機序が異なり、当然のこと、これは別物なのであるということです。

◎気と生体エネルギーの違い

ご理解いただけたでしょうか？　この理解がとても大切です。

長年、治療に携わってきましたが、クライアントの皆さんを、あるいは、療法を学びに来てくださった多くのスクールの受講生を見ていても、わかったつもりでも、実際に、この肉体次元と、エネルギー次元の理解を自分のものにするのが、とても難しいようです。

身体に起こる問題となる症状、状態は、肉体次元の問題と、生体エネルギー次元の問題があるということです。ここをわかれば、身体へのアプローチは大きく変わってきます。病気や症状に対しての正しい選択ができるようになります。

さて、歴史的に、西洋諸国は、産業革命以降の著しく成長した工業力を背景にして、武器も携えて東洋に進出してきました。それによって、インドや中国のような大国で、歴史的な偉大な文化を持った国さえ、ほとんど支配されてしまいました。その勢いによって、東洋の文化、東洋思想だけではなく、東洋医学の美点をも駆逐されてしまったのです。

西洋医学は、技術よりも知識がベースとなるので教育システムが整っていれば、比較的、人材育成のしやすい医学といえるかと思います。その西洋医学の教育システムによって育成された優秀な方々が、病気の診断、薬の活用によって、大いに活躍されました。その実績によって西洋医学が、現代医学と言われるような信頼と地位を勝ち得たのだと思うのです。その点、東洋医学は、長年の経験が必要な医学であり、徒弟制度による少数の者だけが学び、さらに、技術の習得は難しくて多くの人材を育成しづらい学問です。今では、鍼灸の学校もできていますが、なかなか、鍼灸の技術を数年の学習で習得するのは難しいところがあると感じます。

◎気と生体エネルギーの違いとは

東洋医学は、「気」すなわち身体のエネルギーの次元を扱う医学です。ただし、私が提唱している「生体エネルギー」とは少し違います。

以下が、私が、現時点において理解していることです。

東洋医学では、気血を扱うわけですが、身体をめぐるエネルギーを気、身体の中にある血や体液を血と分類しています。ここまでは、ほぼ同じ考えです。ただ、鍼灸治療で扱う気は、経穴と経穴をつなぎ経絡を構成する「気」だと思って差し支えないかと思います。それに対して、私は、ほぼ脳幹から全身へと流れる神経電流だと思っています。経絡を流れる気は、身体の表層を流れています。

それに対して、人体の神経電流は、脳幹から脊髄神経を通り末梢神経に沿って流れるもので、身体の深い部分を流れていきます。その後、神経電流が身体の末端まで行った時に、身体の表層を伝って、また身体に入っていくエネルギーが、経絡を流れる気だということです。

神経電流も、気も、生体エネルギーの現れと考えています。

人間の体内は、生体エネルギーという、いわば電気と言うか気のようなもので満たされています。

しかし、肉体次元を超えて人間のエネルギーを考えると、目に見えないエーテル体、アストラル体、コザール体と言われるようなエネルギー体と捉えることも必要かと思っております。ただ、目に見えませんし、わかりません。が、遠隔ヒーリングのように、離れたところから意識することで癒やしは、実際に起こりますので、肉体次元だけの理解だけでなく、前述のように、目に見えないエネルギー体に関与していると考えるのが妥当のように思います。ですから、突き詰めていえば、本質的には量子次元の波動こそが生体エネルギーと考えるのが正解なのかと考えています。

日頃のヒーリング臨床においても、時折、クライアントが、肉体だけでなく、ご自身の身体の周りの空気感、エネルギーの変化を感じるというコメントをくださいます。これは、それを物語るエビデンスとなり得るものではないでしょうか？

先端医療という言葉があります。実際に現在科学の粋を集めているところはあるようですが、先端医療と言うからには、古典物理学から導かれるような理論で考えられたものではなく、是非とも、このような量子力学の世界の研究がベースとなるものであって欲しいものですし、肉体次元でのアプローチだけではなく、生体エネルギーの視点での研究を望みたいものです。

◎手術の力強い応援団となる

もちろん、肉体次元の問題を、エネルギーで解決しようとしても無理です。

先日、こういうことがありました。

京都ＥＭラブの会の代表をされている吉彌さんという方がおられます。ご高齢ですが、とても若々しく、いつも明るい素敵な女性です。ＥＭ（Effective 有用な、Microorganisms 微生物）という微生物を活用して、ボランティアで素敵な仲間の方々と環境改善のための活動や社会貢献をなさっていて、私のとても尊敬している皆のお姉さんのような存在の方で、もう二十年以上のお付き合いになりました。その方から、ある朝、電話が入りました。体調が悪くて遠隔ヒーリングして欲しいということでした。症状をお伺いすると、左脇腹に痛みがあるということです。しかし、痛みはそれほどひどく無いとのことでした（実はすごく痛かったらしい）が、腎臓結石ではないかと直感しました。そこで、「遠隔ヒーリングをしますが、強い痛みが出て来るようであれば、病院に行ってください」とお伝えしました。しばらくして、メールをいただき、ちょうど友人が来たので病院に連れてもらって、点滴を受けて痛み止めの薬をいただいて帰宅されたということでした。そこで、速やかな回復を願って、もう一度、遠隔ヒーリングをしました。

するると、翌朝に、腹部で何かが動いて下がってくる感じがして、トイレに行かれたそうですが、その後はすっかり良くなり、再診で病院に行くと医師の話では、結石はもう流れて出たのだろうということでした。

日頃からお元気でしたが、疲れも溜まっていたのでしょう。腎臓に出来ていた結石が出てきたのです。このように、耐え切れないほどの痛みのある時には薬の力を借りることが必要です。もともと、お元気だったのと遠隔ヒーリングをしたので結石もすぐに出てしまったのです。さすがに、このような結石による痛みは今の私のレベルでは、クライアントにとって痛み止めの応援が有効です。そして、医療を行うときに、ヒーリングを受けておくことで相乗効果があるということです。それは、原因が肉体次元の場合でも、ほとんどの人の場合には、真癒ヒーリングで生体エネルギーを高めておくことが効果を発揮するということです。

生体エネルギーの流れが高まっていれば、回復力が強まるからです。私から見ると、一般のとても健康だという人でも一〇〇点満点で九〇点でしょうか。現代社会において普通の方は七〇点くらいだと感じています。ですから、普通の方が、骨折やケガをした場合に、治す力も七〇点なのです。そこで、ヒーリングをうけていただければ、治す力が、ずっと強くなることで回復が順調になるということです。あるいは、生体エネルギーの流れを高めておいて手術をした場合などは、とても回復力が強いのです。手術をしても出血が少なく傷口のくっつきが良くなるのです。そして、運動機能などもめざましい回復があるものです。

◎手術とヒーリングの関係

【股関節の手術をされた方、男性七十歳代】

この方は、愛知県にお住まいなので遠隔ヒーリングのご依頼を頂きました。手術の二ヶ月前から遠隔ヒーリングをしました。手術の一ヶ月前に旅行に行かれるということで、早い段階でのご依頼でした。ヒーリングをしていたので、股関節が不自由だったのに長く歩くことができて旅行を楽しめたということでした。さて、その後、手術をされたのですが、手術に備えて自分自身の血液を保管していたけども、出血が少なく輸血の必要がなかったということでした。そして、その後も回復が速やかで、リハビリの先生方が驚いていたというのです。このような事例は、原因療法をうけていれば当たり前のことです。

せっかくですから、もう一例。

【脾臓摘出の手術をされた方、女性七十歳代】

脾臓に癌の疑いがあるということで、手術をして摘出することとなったそうです。しかし、脾臓が大動脈にくっついていて、癒着の恐れがあり、それが危険だという医師の話があったというのでとても心配されていました。しかし、原因療法を受けていると身体は必要なことをきちんとやってくれます。自分自身の身体にとって危険な状態を当たり前のように治しておいてくれるものです。結果は、やはり、無事に脾臓を摘出できたとのことで、素敵な笑顔でご報告をくださいました。

次は残念な例です。

【心臓の調子が悪いという方、女性五十歳代】

女性五十歳代、心臓の調子が悪いということで、私の本を読んで、遠路、九州から飛行機で、ヒーリングを受けにきてくださいました。そして、一ヶ月の遠隔依頼をいただきました。一週間後には、仕事の疲れが軽減されていて感謝しているというメッセージをいただきました。

二週間ほどして、身体がきつい、呼吸がしづらいと言うメッセージがありました。そこで、何か変わったことがなかったかを聞くと、胃の検診でバリウムを飲んだというのです。その後、一週間すると普段通りの状態になったということでしたが、しばらくしてバリウム検査結果が出て紹介状を渡されてショックを受けているという連絡が最後となりました。詮索は不要なのかもしれませんが、私は、きっとバリウム検査の結果、癌になっておられたのではないかと思っています。しかし、もしかしたら、バリウム検査をしなければ、ヒーリングを続けているうちに治ったかもしれないと思っています。こういう検査の必要性があるのは認めますが……、マイナス面があることにももっと留意が必要なのだと思います。多分、アメリカの医療制度ではこういうケースも医原病としての注意事例としているのではないかと思います。

【手術後の回復と心の変化、男性五十歳代】

私をモデルにして、主人の代理遠隔ヒーリングを初めてして頂きました。

その翌日は、主人が除細動器付きペースメーカーの交換手術をする入院予定だったのです。そのことを伝えると、「それなら、是非、ヒーリングをさせて下さい。」と、荒尾先生からお申し出いただきました。私は代理となって、主人を意識してベッドに横になりヒーリングをうけました。その時に、すごく気持ちが悪くなりました。とても不思議な体験でした。それは、主人の体調の波動を私が受けているからだと言う事でした。自宅に帰って、主人に何か感じたか感想を聞いたのですが、その時は、特に何も体感しなかったようです。

翌日から、荒尾先生が毎日、遠隔ヒーリングをして下さいました。

本来、ペースメーカーの手術自体は、比較的安全で、大きな危険を伴うことはないとのことでしたが、糖尿病もある主人は、手術をする度ごとに、トラブルに見舞われ入院が長引いていました。

ある時には、針を挿入した傷口から出血して傷が塞がらず緊急の処置をとることになりました。また心臓機能が低下(肥大になったり、危険な不整脈が多発)して入院が延長したりしていました。それが、今回の入院中の主人は、強烈な眠気とだるさとお腹の不調（便秘と下痢）、それに夜中に急に身体が熱くなり目が覚めたり等、いろいろと症状が出ました。が、心臓の調子は良く、術後の出血も少なく、傷口が早く治り、経過良好で、なんと予定より一日早く退院してきました。ここ一ヶ月位の様子ですが、以前より食欲が出てきています。また、退院後、一週間位は、手術の傷口が痛むと、時々訴えていましたが、もう全く痛まなくなりました。

六年前にペースメーカーを身体の左から右側へ移行させるため、開胸手術をした時の古傷はじくじくと痛むとのことですが、以前より、痛みがましになっています。時々、むかつきがあり困っていますが、これはたくさん飲んでいる薬の影響と思います。減薬を、お医者さんにお願いしようと思います。

最近は、日中に眠気がきつく、身体がだるくて起きていられないと言います。

荒尾先生に伝えましたら、「眠くなるのは治ろうとしているからで、眠たい時は日中でも眠ったほうがいい。道路でも夜間工事をして道路を修理するように、寝ている間に身体を修復しているんです。そして、ご主人は、きっと長年、十分深い睡眠をとっていなかったから、今しっかりと睡眠不足を取り戻すよう身体が要求しているのです。そのようにお伝え下さい」とアドバイスしてくれました。

主人は、身体が治ろうとしているのに眠いのが何故かわからず、身体が悪くなっているように感じられ不安がっていましたが、その内容を伝えると理解できたようで、ほっと安心していました。

確かに主人は、この三十七年間位、仕事が忙しくて四～五時間しか寝られなくて、慢性の睡眠不足だったので、今、それを身体が取り戻そうとしているんだと納得できました。

何より、私が一番嬉しいのは、心臓の不調が改善されていることです。今まで、幾度も息苦しくなり、胸が痛み、血の気が引いて、手足が冷たくなり、病院へ直行していました。眠りにつく時、主人が「朝、起きてこれなかったら、あとはよろしく頼む」と息苦しさと胸の痛みをこらえて訴えていたことが何度も何度もありました。「あと数年の命なら、今のうちに身辺整理をしておかねばならない。やり残していることがいっぱいあるんや」と焦りと死ぬことへの恐怖と残念な思いで、悲壮感が漂っていました。

それが、今では「あと数年、いやもしかしたら十年位は生きていられそうや、バイクでツーリングしたい！高知の安芸（主人の母の里）へも行ってみたい」等、やってみたい夢を語るようになり、前向きな気持ちが芽生えてきました。そして、心臓が楽になると表情が穏やかになり、笑顔を見せることが多くなっています。命が長らえそうなので、将来に向かって生きていけるという希望が湧いてきて、明るい未来を思い描く喜びが与えられています。

真癒ヒーリングで、主人の重度の心不全の身体であっても、生体エネルギーが高まり、少しずつ確実に健康度が上がり、健やかに生活できるようになってきています。眠っていた自然治癒力が働きだし、生命力が強くなってくると、気持ちが明るく軽くなって前向きに生きていく力が生まれています。

私は、主人の変化を目の当たりにし、荒尾先生の愛の深さと真癒ヒーリングの凄さ、素晴らしさに驚嘆しています。心から、感謝しています。

第四章　脳幹を起点に全身に流れる生体エネルギー

◎人体の根本的なメカニズム

これから人体の根本的なメカニズムの要点をお話しさせていただきます。

肉体は、骨格、筋肉、臓器、血管、神経などで構成されています。それは、私たちの存在の基盤ですが、あくまで肉体でしかなく、肉体を働かす力が別に存在します。どれほど強靭な肉体であっても死んでしまうとピクリとも動けなくなるのですから、生きていることが必要です。その生きていることとは、すなわち「命の力」があるということです。生命力があるということがとても大きな意味を持っているのです。

その生命力に目を向けることが何よりも大切です。えてして、健康であれば身体のことを意識しないものです。しかし、ここで、生命に目を向けて欲しいのです。私は、エネルギー的には身体の周りにもエネルギーがあると考えています。エーテル体、アストラル体、コザール体などといわれるもの、日本語でいうと幽体とか、霊体ということになるかと思います。ですから、身体の周りの気配を感じることができるのです。そういう人体の「エネルギー」があるのです。が、しかし、ここでは、話がややこしくなるので、肉体次元で進めてまいります。そうすると、人間の生命の源は、脳幹ということになるのです。解剖生理学の本でも、「生命の座」と言われています。中脳、橋、間脳、延髄をまとめて脳幹と言います。そして様々なとても大切な生命維持機能を持ったところなのです。

大脳を損傷しても、それが直接、命にかかわることはないのですが、脳幹が傷つくと人間は死んでしまいます。心臓にいたっては、いまや人工心臓もあることを考えれば「命の座」ではないことが明白ですね。その他の臓器も手術をしたり、機械を置き換えることで命を長らえることが出来るのに比べて、脳幹に至っては、傷つくだけで死に至るのですから、その大切さがお分かりいただけるものと思います。

すこし大雑把ですが、この脳幹で生命エネルギーを発電しているように考えて下さい。そして、この脳幹から大脳にと。あるいは脊髄、抹消神経をとおって全身の臓器や筋肉に流れて行っているのです。

神経エネルギーの働きがいかに大切かは、脳梗塞などをした方の様子を見れば、はっきりとわかります。脳梗塞で神経電流が流れなくなると、その支配下にある筋肉は力が入らなくなったりするのです。あるいは、神経を切断してしまえば、その先にある機能は停止します。ちょうど、神経線維は電気を流している電線のようなものです。

前述のように、神経線維を流れた生命エネルギーは、身体の末端の手や足の先から身体の表層をつたって、また身体の中に巡ってくるのです。それは、東洋医学の経絡図というものが証明しています。指先の爪の脇の井穴（せいけつ）というツボからはじまって、多くのツボを経由しながら五臓六腑に流れていくのです。時々、クライアントでもこの気の流れを感じられる人がいます。きっと感覚の鋭い人がツボと経絡を発見したのでしょう。

それにしても、人間の身体とはなんとも見事なものだと思います。脳幹から発した生体エネルギーは身体の末端である手足の指先に行き、そして身体の表層をめぐって帰ってくるのです。人間の身体とは、効率が良く無駄のないことには驚くばかりです。

病気になり、症状が現れると、ついつい、身体が悪くなったと気弱になり、また、身体とは不完全なものと考えたくなるものですが、原因療法を受ければ、身体が自分自身の力によって力強く回復していきますので、なんとも身体とは本当によくできている、素晴らしいものだ、と認識するきっかけにしていただきたいと思います。そして、自分自身を深く信じて頂きたいと思います。

◎生体エネルギーが流れ始めると機能が回復する

症状や、身体の異常が現れると、私たちは、それを何とかして治そうとします。痛みや痺れ、凝りが出てくれば、その苦痛を少しでも楽にしたいと考えます。だから、温めたり、もんだり、押したりします。あるいは、テレビを見て通信販売の素晴らしいうたい文句の健康食品に頼ったりします。

それでも、よくならなければ、整骨院に行くかもしれません。整骨院の先生であれば、電気を当てたり、シップをしてくれたり、様々な方法によって症状を緩和させようとしてくれることでしょう。あるいは、病院に行けば、レントゲン写真を撮って状態を診断してくれます。そして、薬を出してくれることでしょう。首や腰を機器で引っ張るかもしれません。

しかし、本当に回復するには、実は、脳幹から生体エネルギーを流して患部のエネルギーの不足を解消することが必要なのです。

え？　以前は、温めただけで治ったから今回も治ると思っていた？

そこも理解しておくポイントです。以前は治ったから同じ方法で治るというモノではないのです。というのは、まだ症状が軽かったので、治療を受けている間に生体エネルギーが回復して、治ったのです。日にち薬というものです。

若い時は回復力が旺盛ですから、時間が経つと自然に放っておいても治ってくれるのです。しかし、元々の生体エネルギーの力が低下していると時間が過ぎていくだけで治癒はしないのです。確かに、整骨院も、病院も身体に適切と思われる処置はしてくれますが、ほとんどの場合は対症療法になるので、生体エネルギーの回復は、残念ながらできないのです。

痛みや、凝ったところは、生体エネルギーが不足してしまっているのです。

内臓の働きもそうです。胃の調子が悪いとすれば、胃に生体エネルギーが不足しているからです。頭痛がするのもそうです。ボケや躁鬱になるのも、生体エネルギーが不足して起こっている現象に他ならないのです。

生体エネルギーが流れ始めると細胞はどんどん活性化して正常の機能を取り戻すのです。身体の捻れがなくなり、骨格はバランスを取り戻してくれるので筋肉もハリはなくなって、柔らかくしなやかになるのです。身体の各関節も徐々に滑らかな動きを取り戻し始めるのです。

痛みや痺れ、凝りについての説明をしましたが、内臓においても同じことが言えるのです。

臓器の働く力が、機能低下している本質的な問題となるのは、やはり生体エネルギーの不足なのです。

◎脳幹は頸椎1番2番の歪みによって機能が低下する

生体エネルギーの低下は、骨格とも大きな関係があります。

特に、上部頸椎といわれる頸椎1番、2番の影響を受けるのです。

頭蓋骨の中心にある脳幹は延髄から、脊柱の脊髄神経へと変わっていくのですが、この部分がちょうど頸椎1番2番にあたります。

そこで、頸椎1番2番が歪むと延髄と脊髄の一番上のあたりに圧迫が発生します。すると、ちょうど、電気がショートしたような状態となります。

脊髄神経と背骨の説明で、電気がショートすると電流はロスが発生して、更に流れが低下することをお話ししました。

その流れの低下が生体エネルギーの低下となって、それが身体のどこかに現れてくるのですが、この上部頸椎の歪みの影響力は、背骨の歪みのレベルではないのです。

この上部頸椎の生体エネルギーの流れの影響は、とても大きなモノなのです。

脊髄神経が中枢神経と分類されていることを、「なるほど!」と、うなずかせるものです。家庭の電気の流れとして例えると、末梢神経の背骨の部分は、各部屋のスイッチのようなものです。

それに比して、脊髄神経の通り道である上部頸椎は、家のブレーカーのようなものです。

そのことを発見したのが、カイロプラクティックを発展させアメリカ政府にカイロプラクティックを医療として認めさせた、B・J・パーマー博士なのです。

そこで、誰でもが、このテクニックを使えればいいのですが、とても難易度の高いテクニックなのです。ですから、ほとんどのカイロプラクティックは、骨盤や脊柱の調整をしているので別物と言えるのです。

残念ながら、骨盤や、脊柱の調整では、ある程度の身体の歪みのバランスを取り戻すことはできて、多少は生体エネルギーを取り戻すことはできるものの、生体エネルギーの流れを本来のように力強いものまで回復させるのが、なかなか難しいのです。

そこで、症状と場所は違っても脳幹にアプローチすることが最善の方法なのです。

◎想いの波動によって脳幹を活性化させる

頸椎1番2番の歪みを手技で矯正することは、とても難しいのですが、違うアプローチによって脳幹を活性化する方法があったのです。

それは、波動です。想いの波動。祈りの波動です。

無心の愛の波動によって、生体エネルギーは回復するのです。

さあ、愛の波動だというのですから怪しい話になってきました。

でも、これは事実です。いや、真実という方がふさわしいでしょうか。

それが、イエス・キリストの癒やし、弘法大師・空海のお加持の根底にある、癒やしの原理だと思うのです。

ということで、実は、なんと人間の想いの力によって癒やしは行うことができるのです。

前述のイエス・キリストのような奇跡のような癒やしは、まだ私にはおこせていませんが、大きなレベルの差があったとしても、想いの波動によって、生体エネルギーの回復による原因療法ができるものなのです。

私は、初めて知ったときは、本当に驚きました。

触れずに癒やしができ、更に遠く離れたところからでも癒やしができるのですから。

これこそが、〝真実の癒やし〟だと思いました。

このことを知り、何とか習得したいと決意しました。四十歳少し前の頃でした。そこで、毎日、密教の方法の勤行をし、瞑想を行いました。ある程度はすぐにできたのですが、想いで癒やしをするなどというのは、きっと難しいものだと強く信じていたこともあり、自分で出来るようになったと感じるには、ずいぶんと長い期間がかかりました。自分でその効果に納得できるようになったのは三年ほど前です。二十年近い年月がかかりました。しかし、振り返ってみると、もっと、ずっと早い時期からできていたような気もします。自分自身を信じることができなかっただけのようにも思います。「自分には力がないから癒やしをすることは難しい」と。

しかし、今、真癒では、想いの波動、祈りの波動、愛の波動によって癒やしを行っています。

そして、お越し下さるクライアントの心も身体も癒やしています。大切なことを付け加えると、真癒にはお越しにはなっていない、遠隔ヒーリングのご依頼のクライアントも、同じく心も身体も癒やさせていただいています。

治療室では、ゆっくりとヒーリングして休息していただいているのですが、瞬間で身体の歪みをとりのぞくことができるのですから、本当に素晴らしいものです。

昔、治療家として、躍起になって骨を上手く動かそう、筋肉のコリを取り除こうとしていたことが滑稽にさえ思えてきてしまいます。肉体次元での身体へのアプローチの非効率さを強く感じています。もし、今、この本を読んでいる治療家の方は、ぜひ、真癒ヒーリングを習得していただき、ご活躍いただければと思います。自分自身も救われ、クライアントも救われます。良いことずくめです。

◎真癒ヒーラー養成講座を開設

想いの力で癒やしができるようになりました。ついに自信をもって癒やしが出来る様になりました。そんな時、何人かのクライアントから、ヒーリングを教えてほしいというご希望を頂きました。そこで、真癒ヒーラー養成講座を開設することにしました。

私は、原因療法はとても素晴らしいものだと思っていますし、この癒やしができる人が増えることは、とても世の中の為にもなると思っています。

原因療法こそが、真実の癒やしといえるものなのです。多少のアプローチの違いがあっても、症状を強引に取り除こうとするのではなく、脳幹を活性化する生体エネルギーを高めることで、自然に症状がなくなる療法こそが望ましいのです。それは、ご本人の力が高まることで癒やしが始まるからです。

そこで、このお申し出に、後押しをされるように、多くの方に習得して頂き、活用してもらいたいと思いました。医療関係の方にも、医療や治療と関係ない、医学的な知識の無い一般の方でも習得ができるのです。ほとんどの治療とちがい、何しろ一切の副作用がないのですから良いことずくめです。ヒーラー養成講座を開設するために、そのカリキュラムを作るために、今までの自分自身の歩みを振り返りました。自分自身のヒーリングが出来るようになった要素を考えました。

最も大事なことは哲学だと確信しました。そこで、自分自身の意識変革を促すようにするのです。と言っても、偏った知識、思考癖を取り除き、ナチュラルな状態を取り戻すのです。十年ほど前から、何のために生きているのかという疑問に対して、人間は幸せに生きていくべきだ。という結論となったことから、幸せ研究をはじめました。そこで、精神世界の本、宗教書、哲学書を毎日読みました。そうして、自分自身の価値観の変革を徐々に行ってきたのです。観念が変わったわけです。それが、癒やしの実現へと実を結んだのだと感じました。次に、太極拳をしていたのも良かったように感じました。身体の無駄な力が抜けて気の流れが良くなったからです。そして、自分自身の意識を整える瞑想……。

この三つの柱が癒やしの波動を生み出すようになったのです。

真癒ヒーラー講座では、身体の気の流れを良くする運動をします。他に、真癒哲学。瞑想、そしてヒーリングの実技をしています。

◎癒やしの根幹となる真癒哲学とは

真癒哲学とは、「在りのままの自分」になることです。在りのままの自分とは、実は、最も力を持った状態と言えるのです。イエス・キリストや、お釈迦様も、きっと、そうなのです。弘法大師や、法然上人、親鸞聖人、中村天風師、も、ありのままになった方なのです。

ありのままの自分とは、無邪気な自分です。小さい子供って本当に無邪気です。泣いたと思ったら笑い。笑ったと思ったら泣く。それで、その前のことはすっかり水に流して、こだわることを知りません。禅宗の教えで言えば、前後裁断ということが自然にできています。

人間は、成長し、歳を重ね、体験をするほどに、自分なりの考え方というものが形成されていきます。そうしながら、我が生まれてくるのです。

「我」とは何かというと、実は、防衛反応のようなものです。そして、我は、自分自身を守り生きていく上でとても大切です。我が、処世術のベースとしては必要不可欠なのです。

とは言え、その我が、同時に、自分自身の考え方にある種の癖を作っていきます。その癖とは、一言でいえば、分離感です。その分離感は自分自身の限界をも作り、自分自身を縛ってしまうのです。そして、損得勘定を強く弾くようになり、自分にとって有利なことを選択するようになり、自分中心の立場を考えて行動をするようになり、宇宙の法則にそぐわない信条や信念を持つにいたり、人を差別してしまうような心になってしまうのです。

無邪気な自分自身を取り戻すことが大切なのです。無邪気と言っても、子供のような無知的なものではなく正しい判断力も備えたうえでの話です。ありのままの自分。素の自分を取り戻すことです。無駄な信条や観念を捨て去るのです。

人間の意識の奥には静寂があり、そこには愛の湧き出る所があるのです。

真癒哲学とは、無の哲学といえるかもしれません。そして、愛の哲学とも言えます。観念を捨てさり、いつも無我になるためのトレーニングをするわけです。そうすると、自分の心の奥にある静寂があらわれます。その静寂の中には、喜びと愛があるようなのです……としか言えないのは、まだ私は感じつつも、覚醒していませんから。

神我一体の境地には達していませんし、人間の心の本当の奥底の部分までは、まだ理解しきれてはいないからです。しかし、ある時から、心の中には「喜び」があることはわかりました。それは、ほのかに、そして、力強く感じましたが、外的な条件に関係なくいつも、自分自身の中に存在することを感じています。それは間違いないことです。

◎心が静まれば身体の歪みが消える――私の歩んだ治療家の道

思考を休めて、心を澄ませば、静けさと喜びがあることを感じます。「明鏡止水」という言葉がありますが、こういうことを表していると思います。ある時、自然に委ねるようにして過ごしていたときに、驚くことが起こりました。

自分自身の身体の歪みが消えてしまっていたのです。

私は十八歳の頃にカイロプラクティックを受けて、体調の改善を感じたので、「これは素晴らしい」と思い、この治療家という道に進みました。二十二歳からは、カイロプラクティックの研修生となり、同僚の先生たちから、しょっちゅう脊柱の矯正をしてもらいました。しかし、体調はそれほどはかばかしいものではなく、限界を感じたので、二十五歳からは、仙骨療法の師から仙骨の調整をしていただきました。とても効果があったので毎週一回ずつ何年も受けました。しかし、その結果、気が上がることに気づきました。さらに、骨は動かしすぎると関節の支持力が弱くなることも体感しました。

その後は、波動療法の師から上部頸椎の調整もして頂きました。しかし、歪みは小さくはなったものの、歪みがなくなることはありませんでした。

それが、ある時から骨盤の歪みがなくなりました。詳しく言うと、長年にわたって形成されたものですから、骨格には多少の歪みはあるのですが、生体エネルギーの流れが高まると左右差がなくなるのです。この状態が続けば骨格も徐々に、さらに良くなることでしょう。

そして、心には喜びがあり平安になりました。

そうなると、何より嬉しいことに日々の治療の効果も、ぐんとアップしました。そういう一連の変化に気づいた時は、とても嬉しくありがたい思いでした。それにしても、この出来事がとても不思議でした。

そこで、その意味するところ、原因は何かと探求を始めました。

様々な角度から、今までのことを振り返って考えて分かったことが、真癒哲学です。脳の構造を考えてみれば、右脳と左脳にわかれていますが、その左右のバランスが取れれば、身体の左右の歪みもなくなるわけです。

その頃から、睡眠の質がとても深く心地よいものに変わりました。怒りっぽくなっていた自分が不思議でもあり、とても嫌だったのです。が、今では、めったなことでは怒ることもなくなりました。心が平安になりました。

私は、無邪気な心を取り戻せたのだと感じました。

◎十八名の真癒ヒーラーが誕生した

真癒ヒーラー講座をはじめてから二年が経過しました。この二年弱の期間に、十八名の真癒ヒーラーが誕生しました。私を入れると十九人です。

真癒ヒーラーと認定するには一定の決まりごと、条件があります。筆記試験などではありません。出席回数でもありません。いわんや、お金の問題ではありません。私の個人的な思惑もありません。真癒ヒーラーとしての認定基準は、ご本人の身体の歪みがなくなっていることです。身体の捻れがなくなってくると、手足の長さがそろい左右の歪みもなくなります。

ヒーラー講座のメンバーの方が、スクールに来た時、あるいは、ヒーリングを受けに来られた時に、手足の身体の歪みがなくなることです。ただし、体調が良くて身体の歪みがなく手足の左右差がなくなっていることも稀にあるので、一週間ほどして再確認しても、左右差がなくなって背骨が真っ直ぐになっていれば、真癒ヒーラーとしての候補になります。

その上で、もう一つの認定条件があります。それは、実際に、クライアントをヒーリングをしてもらって触れることなく数秒のヒーリングで左右差を解消できることです。

この二つの条件を満たしたときに、真癒ヒーラーと認定します。

私は、この条件を満たす人が現れるには、きっと三年くらいはかかるものだと思っていました。まさか、手足の左右の歪みがなくなり、瞬間的に想いの力だけで癒やすことができるなどということは、至難の業だと思っていたのです。

何しろ、私自身は、自分自身ができるようになるには何十年もかかっていましたからそう思っても当然です。真癒ヒーラー講座を開設した一年後には、真癒ヒーラーまでならなくても、ある程度のヒーリングはできるようになりました。この講座を始めたころは、原因療法だから、ある程度のヒーリングが出来るだけで十分だと思っていました。それが、どんどんと真癒ヒーラーが誕生したのですから驚きました。本当にうれしい限りです。

ヒーラー講座を始めてからは二年弱ですが、こんな短期間で二十五人もの真癒ヒーラーが生まれることなど、とてもではありませんが、予想はできませんでした。さらに続々と生まれてきています。

◎真癒ヒーラーの三つのレベル

更に驚くようなことが起こりました。

通常ベーシック過程として十回の講座なのですが、ヒーラー養成講座を三回受けただけで真癒ヒーラーになった方が現れたのです。基本は十回ですが、五回、六回、七回の受講回数でも真癒ヒーラーとなる人がどんどん現れたのです。

更に、更に驚いたことがあります。

それは、十数回受けて、ヒーラーレベルがアップする人が現れたのです。

真癒ヒーラーにもレベルがあるのです。普通は、誰でも手足の歪みが多かれ少なかれあるものです。それが、真癒ヒーラーになると何故かなくなります。

1．手足の歪みの無いレベル
2．下部頸椎の歪みも無いレベル（1はクリア）
3．上部頸椎の傾きも無いレベル（1．2共にクリア）

この三つのレベルです。その2のレベルの人も三人も現れたのです。

この三つのヒーラーレベルでヒーリングの効果にも違いが出てきます。

【ヒーラーレベル‐1】

手足の歪みも取れて、体温を高めることができる。健康レベルを高めることができています。しかし、被験者が、ヒーリング直後には良くなったというのがわかりにくいところがあります。「言われてみたらそんな気もするけども、わからないなあ」と言うような反応となります。真癒ヒーリングは奥が深く、身体の内から治り始めるのでわかりにくいのです。しかしながら、きちんと続けてヒーリングを受けていただくと、着実に改善していただけるようになります。


【ヒーラーレベル‐2】

手足の歪みも取れて、体温を高めることができる。健康レベルを高めることができています。さらに、被験者が、ヒーリングを受けると、効果を感じることが多くなります。「言われてみたら、確かに楽になった」と言う反応となります。それだけに回数も少なくても改善が進みます。


【ヒーラーレベル‐3】

手足の歪みも取れて、体温を高めることができる。健康レベルを高めることができています。さらに、被験者が、立っている状態でヒーリングしても、その場で、すぐに効果を感じることが多い。

それに加えて、遠隔ヒーリングでもある程度の効果を発揮できる。ここまで来れば、治療家として一流と言って良いのではないかと思います。

「え、不思議だな、楽になった」と言うような反応になります。そして、こうなると、かなり難しいと思われる症状をお持ちの方に対しても、ヒーリングが効果を出すことができるようになります。

今は、さらに研究が進んできています。将来はヒーラーレベル5までの分類が出来るようになると推測しています。

◎真癒ヒーラーになると健康になる

真癒ヒーラーになると、身体の歪みがなくなっていきます。

そうなると――自分自身の健康レベルは上がってきます。身体の歪みがなくなっているのですから、骨格バランスは良くなります。それとともに、脊柱の中の脊髄神経の流れは旺盛になっていて、全身に生体エネルギーは良く流れる状態になっています。

もちろん、真癒ヒーラーにならないまでも、真癒のヒーリングを受ければ同じように身体の歪みは消えて体調が良くなります。

それにしても、つくづく思うのは、原因療法を受けると若返るということです。

先日も、六十歳代後半の女性の方が、ヒーリング受けてから、表情がスッキリされて若返ったように見えました。

「ずいぶんと若返りましたね」と素直にお声を掛けると、笑っているので、「待合の所に掛けている鏡を見て下さい」と鏡を見るように促しました。

すると、疑るように自分の容姿を見て、黄色い声を上げました。

「二、三歳若くなったみたい！」

真癒ヒーリングのみならず、原因療法を受けると脳幹が活性化するので、毛細血管の血流まで回復して肌がきれいになるのです。ヒーリングを受けると肌の艶がよみがえってきます。肌がピンク色になってくるのです。エステティック効果、アンチエイジング効果があるわけです。それも、外側からのマッサージや化粧品の効果とは違い、自分自身の内側から効果があらわれるのです。発疹なども消えていきます。

さらに、一見してわかることは、目がぱっちりと開きます。細い人は細いなりに。大きな方は大きいなりに……目の輝きが強くなります。

面白いのは、ヒーリングをして目の輝きが増した方は、見え方が違ってくるのです。はっきりと明るく見えるようになります。視力が回復する方も多く有ります（顕著なのは乱視の方）。

前述しましたが、姿勢も変わってきます。

誰でも、そこそこ歳をとってくると、疲れがたまってきてしっかりと立てなくなってくるものです。でも、自分ではあまり気づけません。しかし、姿勢観察器を使えばよく分かります。そこで、初回の方にはそのことを気づいて頂こうと思って、ヒーリングの前後で写真を撮っています。以前は、こちらで写真を撮ってお渡ししていたのですが、今は、ご自身のスマホで撮影させて頂いています。

まれに、ヒーリングを受けられてこわばって緊張していたのがヒーリングでリラックスしてしまうことで姿勢が崩れる方がいます。しかし、九十パーセント以上、姿勢の改善がはっきりとわかります。スマホで撮影したヒーリング前後の姿勢を説明させていただき、ご自分の姿勢が良くなったことを驚き喜ばれる声を聞くのを、いつも楽しみにしています。

ほとんどの人は、初回で来院されたときには、首、胸椎、腰椎、骨盤の四ヶ所で捻れがあります。右、左、右、左、あるいは、左、右、左、右というように向きが交互になっています。それは、身体のエネルギーの低下によってバランスが崩れている、ということです。「重力」によって背骨が押さえつけられてしまっているということです。

それが、ヒーリング後は、背骨が右左と捻れることなく、真っすぐにスッとして立てるようになります。生体エネルギーが旺盛に流れるようになり、重力に対して負けることなく、楽にしっかりと立てるようになっているからなのです。座った時にも姿勢に現れます。骨盤をしっかりと立てて座れるのです。脳幹からの神経電流・生体エネルギーの流れが良くなったので筋肉がしっかりとして骨盤を立てることができるのです。皆さん、ヒーリングを受けると、座った姿が綺麗になります。

「いつもよりも、楽に安定して座れるようになりましたでしょう」とお声がけすると、皆さん、こう答えられます。

「ああ、ホント。楽に座れます」と。

原因療法で、一つ困ることがあります。それは、自分自身の力によって自然に改善しているので、意外なことですが、良くなっていることが気づきづらいということです。そこで、鏡を見たり、写真を見たり、気づいていただけるように質問をすることが大切になってくるのです。

それにしてもヒーリングを受けて下さっている方は、若々しさを維持されています。東京から大阪に帰ってきて、早くも二十年が経ちますが、長年通って下さっている方は年齢よりもずっと若く見える方がほとんどです。

そんなわけで、電車の中で目の前の女性の人や、テレビで女優さんを見ていても、「ああ、ヒーリング受ければ、すっきりした表情になり、随分と若々しくなるだろうに、もったいないなあ」と思うことも多くあります。

また、運動能力の向上、怪我の回復にも大きな力を発揮します。ですから、スポーツ選手のスランプの様子や、怪我のニュースに接すると、「ああ、ヒーリングを受けて頂ければ、もっと自分自身の能力を存分に発揮できるのに、もっと頑張れるのにと……」と残念に思います。

以上、真癒ヒーリングを受けた方々の特徴を述べましたが、真癒ヒーラーとなれば、自分自身の歪みがもっと深い所からなくなっていくのですから、当然、健康レベルの高い状態を維持できるようになるわけです。

◎真癒ヒーラーになると心まで平安になることがわかった

私自身は、ある時に自分自身の心が「喜んでいる」状況に気づきました。それ以来、精神的にも安定しているし、ヒーリングレベルも格段に上がったのを体験しているのですが、それを、どう言うことなのかと不思議に感じていて、その意味を深く理解していきたいと思っていました。ある出来事で、そのことを理解するチャンスが起こりました。

真癒ヒーラー講座を受けて私のスタッフになった方が、世間話の合間に、静かにポツリとこんなことを言いました。

「先生、近頃、なんか毎日が気分も良くて、楽しくなってきました」

「あ、これは!」と、この一言を聞いて私の中にピピッと閃くものがありました。そういえばこの方は、すこし前に真癒ヒーラーになっていたのです。

仙骨療法をしていた時に、U先生がカルテのアンケートの部分に不安感があるという項目を作っていたのです。U先生はとても鋭い方で、カルテの記入、初回治療後のアンケートなどをきちんと作って、それを基に短時間でクライアントと見事な対応をされる方でした。

そのアンケートの形式を真似させていただき、不安感があるという項目をずっと使っています。クライアントが、初めて来たときに不安感があるという欄に、丸印をつける方は、かなり多いのです。体調が良くないからこそ、治療やヒーリングを受けに来るのだとはわかっています。当然、不安感があるわけです。ですから、逆もまた真なり。

体調が良くなると不安感はなくなっていくのです。何も、精神療法をしなくても、肉体の改善は精神的な改善をも実現するのです。ただし、それが安定して実現するのは原因療法に限っての話です。対症療法では一時的なものだったり、興奮状態によって引き起こされる不安定な要素があるのです。

余談ですが、一つの事例をご紹介させていただきましょう。

私の叔父のことです。身内のことを褒めるのははばかれるのですが、とても立派な人で、人格者です。会社員として出世もしましたが、そういうことではなく、お人柄を尊敬してのことです。昭和二年生まれの方です。その叔父の学んだ当時の教育には、「修身」という科目がありました。まあ、道徳に近いようですが、読んで字のごとく、もっと、自分自身を律することを修めることだと思います。

私が、専門学校に入り東京に行った時に、随分と面倒を見て頂いたのですが、何ともその修身が身についた方でした。朗らかで、寡黙で、まじめ、規則正しく、意志が強く、仕事をしっかりとこなす。そういう方でした。が、ある時に、少し怒りっぽくなりました。その変化に少し驚きました。叔父はお酒は好きでしたが適量をきちんと守る人でした。それで糖尿病治療薬を飲んでいたのですが、ある時に薬が増えてしばらくしてから、すこし短気になったのです。叔母も、「どうしたのかねえ、お父さん、この頃、少し短気になったように感じるのよね」とポツンと話したことがありました。まあ、前述のように修身のできた方ですから、それでも、落ち着きもあり特段気にすることはないのですが、私は、薬のせいだとピンときました。薬は使いようではありますが、やはり、十分気をつけて使いたいものです。薬を服用し始めたら、よく自分自身を観察して異変に目を配ることが必要です。そして、担当のお医者さんに、あるいは薬剤師さんに相談することです。

自分自身の変化に目を向けることは、とても大切なことです。一年前の自分、半年前の自分と、年月による変化を確認することです。そして、薬や健康食品が本当に効果があるのかどうかを、よく見極めることです。

先日も、あるクライアントが、長い間、ずっと高い健康食品を飲んでいるというので、服用するのを休んでみてはとアドバイスしたら、やめても変わりなかった。と後悔していました。でも、気づかなかったら、もっと続けていた訳です。

さて、その後、もう一人のスタッフが、手足の左右差がなくなり真癒ヒーラーになりました。そこで私は、近頃の心境の聞き取りをしました。すると、やはり、「精神的に安定してきて不安感がないように思う。感謝の気持ちが強くなったようだ」というのです。その後も、真癒ヒーラーになった方から聞き取りを続けているのですが、皆さん一様に、精神的に安定してきているのを実感しています。身体の歪みがないということは大きな効用をもたらします。

確信を得た私は、真癒ヒーラー養成講座のホームページに、「ヒーラーレベルは幸福レベル」というフレーズをつけた文章を付け足しました。

第五章　真癒ヒーリングの探究

◎遠隔ヒーリングを信じるか信じないか

遠隔ヒーリングを信じられない方も多いかもしれませんが、遠隔ヒーリングの効果というのは現実にあります。前著『量子波動療法』では、遠隔ヒーリングの力不足を感じたと書いておりますが、今では、かなりの効果があるようになっています。もし、公的な機関が力を貸して下さるならば、はっきりと証明することができると、私は断言できます。

何しろ、私は毎日ご依頼を受けて遠隔ヒーリングを行って、ご依頼くださった方から体調の改善をしたという様々な多くの声を頂いています。もちろん、効果を感じないまま終わる方も多少はいます。それは、対面ヒーリングでも同じことです。もし、遠隔ヒーリングを非科学的だという人がいたら、こうお答えしたいと思います。

「あなたは、自分の経験と思考だけで判断を下していて、その姿勢が、非科学的なのですよ」と。

私は、自分が信じられないことだからといって、端から否定はしない主義です。現実的に確認を出来た時に、その現実を尊重します。

それにしても、ヒーリングをしても否定的に考えたがる人の多いのは少し困っています。ヒーリングをして、感想を聞くと、「う〜〜ん、言われてみたら、そんな感じはするけども」と答えるのです。

「……するけども、ではなくて、実際にはどうですか?」と聞き返すと、よくこんな答えが返ってきます。

「確かに楽だけど、気のせいかな」

そう言う方は、楽になったら「気のせい」と答えるのですね。

もっとも、近頃は「気のせい」と言われることがめっきり少なくなりました。はっきりと違いを感じる方が断然多くなりました。変化をはっきりと感じて、驚かれることが多くなりました。遠隔ヒーリングで効果が顕著に出るようになってから。多分、真癒ヒーラーレベルが、3から4に上がったからだと思います。

さて、気のせいだと答えたくなる心情を如実に物語る出来事がありました。

◎「気のせい」と答える方の心情

男性五十歳代、筋肉質の方、実は私の愛車のお世話になっている自動車販売・修理工場の会社の社長さんです。

修理に行った時のこと、右肩を痛めたというのでヒーリングをすることになりました。

結果を伺うと、「え、どうかなあ、確かに、軽い。軽くなっている」と、肩を動かして言うのですが、この後の発言がとても面白いのです。

「信じたくない。こんなことは信じたくないです」

と、こう言ったのです。

これには私も驚きました。自分自身の実体験を否定する訳です。たしかに、自分自身がわかっていても、都合が悪いこと、自分自身を守るために、出来事を否定したい気持ちであればわかります。犯人が、自分のやった犯行を否定するように。

しかしながら、この場合は、自分自身の体調が改善したのですが、「信じたくない」というのです。何とも人間の心理とは面白いものだと感心しました。

人間は、自分の信じていることを覆い隠すというのは好まない動物です。この方は、自分の信じてきた概念を覆いたくなかったので、その心情を素直に口に出されたにすぎません。多かれ少なかれ、このように、自分の想像を超えたものは否定したくなるものなのかもしれません。

◎小さな変化が奇跡を当たり前のものにする

どこに行っても治らなかった、長年のしつこい症状でお越しになっていた方に、ヒーリングを受けたあとの変化を伺います。

すると、「わかりません」「変わりません」と言われることがあります。

奇跡的なことを期待されるのですが、慢性の場合には流石に奇跡的に変わることは稀です。

時には、クライアントはもとより、私の方もヒーリング直後の大きな効果の現れに驚くことがあります。

しかしながら、奇跡的なことはそう頻繁には起こりません。とは言え、ほとんどの方は、手足が温かくなっていたり、首回りが軽くなっているものです。骨折してギブスをしていて、ギブスの中の折れた骨がきちんと回復していてもわからないように、身体の中で回復していくのです。この小さな変化を感じながら、ヒーリングを五回から十回ほども積み重なることで、奇跡のように改善する事例が当たり前のように起こります。

原因療法であれば、深い問題が少し良くなったということは、もう、治ることが証明されたようなものと解釈できる場合が多いのです。毎回、毎回、根本的な問題が解決していき、着実に症状が改善していくからです。

これが「真実の癒やし」と言える所以だと私は考えています。自分自身の内なる力によって回復しているのです。真実の癒やしとは、クライアント自身の内なる力、生命力の発動を促すことで症状を解消していくものです。ですから、表面的には現れていない症状さえ自動的に解決してくれるものなのです。だからこそ、まさに未病をも完全に排除することができるわけです。

一般の刺激を入れることで行う対症療法であれば、一時的に劇的に良くなったとしても元に戻ってしまうことが多いのです。それは、刺激によって身体が反応したに過ぎないからです。治療直後に良くなっても、その刺激に対する反応が消えると、効果も消え去るものなのです。それでも、効果的な対症療法は、素晴らしいものだと思います。どちらも、使いようです。すぐに効果が出たら素晴らしいと思うのは当然です。

しかし私は、すぐに現れる効果よりも、生命力が高まるような療法こそ、自分自身が選択するに値するものであると考えるのです。

素晴らしい対症療法も稀に存在しますが、私は、一回二回では効果を分かってもらえないこともあり、少し地味に見えても、原因療法が真実の癒やしであると考えています。そして、この原因療法に徹底的なる磨きをかけていこうと思っているのです。

真実の癒やしである「真癒」から、奇跡の癒やしと言える「神癒」へとステップアップすることを夢見ているのです。

◎真癒ヒーリングとは、技術や方法ではなく、在り方である

私は、自分の想像を超えたものがあれば、是非、それを理解したいと考え、それを体得したいと思う性格です。現状に止まるよりも変化することが好きなのです。そういえば、引っ越しも好きです。住まいも引っ越しが多く妻には苦労をさせてしまいました。

しかしながら、治療家でも変化することを否定したくなることが多いようです。自分がやっている治療法のほかに優れている治療法があっても、それを取り入れようとしないものなのです。人それぞれに立場もあり、付き合いや、人情があったり、プライドが邪魔をするのか。あるいは、今まで持ってきたものを捨てるのが惜しいのか。自分にはできないと思うからなのか。それは、人それぞれに理由はあると思います。が、もし、この本を手にした治療家の方、医療関係に携わる方であれば、そのような、考えは捨てて、是非とも、真癒ヒーリングを習得していただきたいと願っています。

それがあなた自身の幸せにも、クライアントの幸せにもつながる道ですから。

真癒ヒーリングの良い所は、どんな治療とも併用が可能なことです。

真癒ヒーリングは、技術や方法ではありません。自分自身の在り方そのものなのです。自分自身を深めることで、ヒーリングも深まっていくのですから本当に面白いものです。

真癒ヒーリングは、クライアントのことを、一秒意識するだけでなされるのです。もちろん長くすればそれなりに効果もあります。ですから、私はその後、クライアントのそばに座って数分は過ごすようにしています。そして、遠隔ヒーリングは、クライアントの写った写真を見るだけで行えます。ただし、その遠隔ヒーリングを行う前後に静寂の時間をもつことが有効です。

とは言え、自動車を運転中に助手席にいる人に依頼が入り、私は運転しながらヒーリングを行ったこともあります。それでも楽になったと、きちんとお礼のメッセージをいただいたりしています。とても、本当にヒーリングとは便利なものです。

自分自身の在り方を整えれば、ヒーリングは自然になされていくのです。

◎真癒ヒーリングには汎用性がある

真癒ヒーリングの汎用性は、多岐にわたります。

真癒ヒーリングは、技術や方法ではありません。自分自身の在り方そのものなのです。というのは、治療家の場合、真癒ヒーラーになると、対症療法治療をしていたとしても対症療法の効果が上がるのです。また、一般の仕事をしている人にもいい影響が現れます。健康になるからだけではありません。本来、持っている能力がより発揮されるようになるのです。

さて、医師が真癒ヒーラーになったらどうなるか。

医師の場合、わかりやすい例でいえば、『ドクターX』というテレビドラマがありました。

毎回、大門未知子という手術の失敗しない医師が、難病患者の手術に挑みますが、手術を終えて、最後に患者の肩にほんの一秒ほどだけですが手を置くのです。その場面では、まるでピュウウーンとエネルギーの交流をしているかのようになります。その後、彼女はすぐに手術室を後にします。この印象深いシーンを私は「一つの真癒ヒーリングだ」と思ったものです。

真癒ヒーリングとは、方法ではなく、在り方だからです。ちなみに、実際には大門未知子のように身体のあらゆる部位をこなす外科医師はなく、脳なら脳、心臓なら心臓、胃なら胃、食道なら食道というように、各臓器のスペシャリストになるそうです。たしかに専門化するほどにその部位における経験は蓄積され技量が上がることは理解できます。

治療家が真癒ヒーラーになれば、今までの治療法をしながらも効果が上がります。背骨の矯正をし、鍼を打ち、マッサージをする方が真癒ヒーラーになれば、その効果は変わってくると思われます。真癒ヒーリングは、物理的・肉体的に脳幹の活性化を促し、生体エネルギーの流れを良くするものです。そのうえ、量子波動療法という特徴があります。それは物理的な効果ではなく、量子の波動の変化を生み出すものです。これについては、後ほど詳しく書くことにします。

外科医が、真癒ヒーラーになれば、前述の外科医、大門未知子さんの肩に手を置く効果が出るでしょう。あるいは手術中にもその意識のエネルギーは働くと考えられます。内科の先生であれば、問診しているだけで癒やしを行えるのです。名医といわれるほどの方は、そういうことを自然になさっているかもしれません。

真癒ヒーリングとは、方法ではなく、在り方だからです。そしてまた、祈りであると思っています。しかし、この答えで十分と感じながらも、私自身もまだ「触れずに行う療法、遠くはなれた所にまで効果が及ぶ療法とはいったい何なのか？」といつも疑問をもっています。その解明にあたろうと努めています。皆さん以上に疑問をもって、その解明に意識を向けているのが現実なのです。その答えが出れば、皆さんの疑問を解消して差し上げることができるからです。

◎場：フィールドの力

さて、医療、治療関係以外にも汎用性があるということを書きました。

まずは、料理です。料理って同じレシピでつくっても、よりおいしく作れる人と、あまりおいしくない場合があります。それは、きっと作り手の想いのエネルギーが関連しているのです。私は基本的にレストランを選ぶ時には、作り手の顔の見えるお店に行きます。あるいは、作り手は見えなくても運ぶ方の温もりのあるお店を選びます。そうでなければ、味わいも軽薄な感じがしたり、エネルギーを頂けない気がしますし、足が向かないのです。

医療も、料理も温かみが大切です。また、会社員であったとしても、人との関わり合い、コミュニケーションが同じように自然に違ってくるのです。家庭においても変化は現れるようです。真癒ヒーリングを受けたり、真癒ヒーラーになると人間関係まで変わるという声もよくいただいています。

健康な人が作る料理は美味しいものです。料理の味が、作り手によって変わると書きましたが、お酒の味は変わりやすいものです。

ある日、真癒の仲間と近くのホテルのバーで食事会をしました。その時に、エミさんがオンザロックを飲まれていました。そこで、「このウイスキーを美味しくしてあげますね」と言って私は飲まれていたグラスをもちあげて、カランとグラスの氷を揺すってお渡ししました。

「めっちゃ、美味しい！」と、揺すってお渡ししたグラスに一口つけて、驚きの声をあげました。これはうれしい賛辞でした。というのは、このHさんのご主人は有名なバーテンダーさんですので、いつも美味しいウイスキーを飲まれていてお酒の味覚は間違いのない方だからです。

素敵なバーで飲むお酒はやはり美味しいものです。料理もそうですね。心配りのできたお店に行くと料理が美味しいです。すべてがそうだと思います。

これは「場」ができているからなのです。

「場」とは不思議なものです。気分の問題だけではありません。もし、真癒のベッドに寝ると実際に身体が変化するのを感じることでしょう。私は、疲れた時に治療室のベッドで一休みすることがあります。ほんの十分ほど寝るだけで身体がスキッとします。自宅のベッドではこうはなりませんので、いつも、その違いに感心します。自律神経が副交感神経優位になり身体が癒やされるのです。

寝るだけでヒーリングをしなくても手足が温かくなる方が多くいます。いつも治療しているベッドなので、癒やしの波動がしみ込んでいるのです。想像なのですが、病院の手術室のベッドの上に寝ると身体は精一杯，自然治癒力を発揮するようになるでしょう。医師、看護師さんがいつも真剣に仕事をし、手術をしているところですから、波動も強烈だからです。生体防御力のような力が働くだろうと思います。

想いの波動は、どこにでも浸透しているものなのです。職場や、スポーツジムや、道場に行くと、自宅ではそれほど頑張れなくてもやる気が出るのもそういうものなのでしょう。

◎量子波動療法の言われ

「量子波動療法」という名称は、書籍名として出版の直前に文芸アカデミー出版の代表の大下先生からご提案を頂きました。

そんなわけもあり、前著の本文では、量子波動療法の意味合いを書いていません。ただし、名称はまさに的を射たものです。

私たちは、物理学を学びましたが、その物理学は、ニュートン力学。今では、古典物理学とも言われるものです。その古典物理学に対して、現代物理学というものがあります。それは、二十世紀以降の相対性理論であったり、量子力学以降のものです。このことを知らない人が多いことと思いますが、この現代物理学、とくに量子力学を知ることで、目が開かれるものがあります。

ニュートン力学は、我々が普通に生活している範囲では、納得のいくものですが、電磁気学ができたころからニュートン力学では、もうそれらの現象を説明しきれなくなったのです。科学の発展で、大きなことでは、宇宙のことや、光の速度や特質が解明されてきました。そして、小さい世界では、分子、原子、原子核、素粒子と肉眼では見えない世界がわかってきました。

このような、人間が普通には感じることができない世界になると、ニュートン力学の理論は当てはまらないのです。そこで、世界中の科学者は、その謎を解明すべく研究してきたのです。

不思議なことに、ちょうど本を出版する少し前から相対性理論や量子力学という言葉にひかれるようになりました。そこで、その難解そうな理論を説明している本を何冊か買ってきて読んでいました。そんな時だったので、量子波動療法という名称は納得のいくもので決めさせていただいたのです。

さて、その量子力学ですが、一番興味深かったことが、「光は、波動であり、粒子である」という二つの特性を持つという点で、さらには、その光子を見ている観察者がいることで、光子の振る舞いが変わるということでした。実験で、光子を打ち出し、一つのスリットを通るようにすると粒子としての性質が現れます。しかし、二つのスリットを通るようにすると波動の特性が出るのです。光子は、二つのスリットがあると二つに分かれてスリットを通るのです。そして、干渉が起こり波動になるというのです。そこで、不思議に思い、そのスリットをすり抜ける時にどうなるかと観察すると、光子は粒子のままだというのです。

私は、このことを知って、神の姿は人間には見えず、神が人の前に姿を現さないのと同じだと思いました。こんな私の考えがご理解頂けますでしょうか？

観察という行為が大きな意味を持つということです。ヒーリングをするという行為は、人のエネルギー、生命を観察していることになるとすれば、観察の仕方によって、その人のエネルギーも、光の粒子の振る舞いも変わるということです。祈りという行為も、量子波動の変化を促すものだと思ったのです。

ほかにも、シュレーディンガーの猫とよばれる重ね合わせ効果という理論があり、とても興味深いものでした。簡単に言うと、毒ガス発生器の装置がセットされた箱の中にある猫は、生きていて死んでいる状態だというのです。普通なら、死んでいるか、生きているかのどちらかであると考えるのですが、量子力学的には、二つの状態が重ねあってあるというのです。わかるような、わからないような話ですよね。

この理論を知り、人間は健康な状態と不健康な状態を重ね合わせて持っているのであり、観察者によってどちらかの状態が出てくるのだろうと感じました。私も、量子力学を勉強中で、理解できるようになるための意識変革の最中なのでまだうまく説明できません。興味を持った方は、量子力学の本を購入して勉強してください。量子力学の世界は、ほかにも、パラレルワールドやら、量子の絡み合いのテレポーテーションがあるとか、不思議ワールド満載です。

遠隔ヒーリングも不思議ですが、この量子力学の世界を知ると、ニュートン力学の常識だけであり得ないことだ等と、遠隔ヒーリングを無碍に否定できなくなるはずです。ということは、遠隔ヒーリングを否定する方は、現代物理学である量子力学を否定するに等しいのです。

◎二百名の瞬間ヒーリングで部屋が暑く

二〇一九年一月十日、『量子波動療法　カイロプラクティックからエネルギー療法への歩み！』の出版をしました。そして、その約一ヶ月後、講演会にお招き頂きました。

幸塾　夢をもって生きる会「新春の集い」という講演会です。

二月三日、午前の部で講演をさせて頂きました。

当日は、空には鉛色の雲がたれた寒い日でした。一通りの真癒ヒーリングの理論をお話しをしてからは、百聞は一見に如かずということで、会場の参加者の方の中から希望された方を、どんどんヒーリングさせて頂きました。そして、そのヒーリングをしながら、身体の歪みについてや、症状に対する理解の仕方、生体エネルギーのことなどを説明させていただきました。この幸塾の皆さんは、とても意識の高い方が多く、講演を熱心に聞いてくださいました。そうしているうちに、終わりの時間が近づいてきました。そこで、会場全体をヒーリングさせて頂くことにしました。

「今日は、二百名以上の方がお越しになっているとのことです。そこで、せっかくですので、一気にこの会場、全員の皆さんのヒーリングをさせて頂きます。感じる方も感じない方もいるとは思いますが、かなり効果はあると思います」

「では、今からヒーリングをいたします」

……数秒間のヒーリング……。

「今、ヒーリングを皆様にさせて頂きました。では、これで、本日のお話とさせていただきます。ありがとうございました」

と、講演を終えました。

二百名の方に、数秒間のヒーリングでどういう反響になるか？　「後は野となれ山となれ」に近い心境でした。

それは、効果をどれだけ感じていただけるかがわからないからです。しかし、私は「事実を伝えたい。真実を伝えたい」という思いが強いのです。もし、数人でも効果を感じる方がいたら、それだけ真実を理解できる方が増えるわけだと感じたのです。

私のヒーリングの評価を頂きたいわけではなく、見えない力、人間の持つ不思議さ、神秘さを感じていただきたいのです。こういうことで、一人でも真実・真理へ目を開くことになったら素晴らしいと思うからなのです。

自分自身の講演をおえて、続いて会長の大下先生、ＥＭの比嘉照夫先生の講演を聞いていたのですが、部屋中の熱気がすごくなりました。あれほど寒かった部屋が、暑くなってきました。暖房を止めて出入口のドアを開けていても、大きな会議室は暑くて上着を脱いでもまだ暑いほどでした。ヒーリングの効果と、講演の内容の素晴らしさに、参加者のみんなの波動が上がったからだと思いました。

◎会場の中央に泡があつまる百二十名のヒーリング

あるパーティに参加しました。

そのパーティは、異業種交流会でした。あまり興味はなかったのですが、友人の誘いがあり出席することにしました。

前述の二百名の講演会をさせて頂いた二十日ほど後のことでした。

会場は大阪駅前のビルにある大きなパーティールームでした。形式は、着席しての食事会でした。

長いテーブル席に並んで座ったのですが、私の席の左隣に座られていた方は、女性でした。その方は、霊感が強いとのことで興味深くお話を聴きながら食事を楽しんでいました。すると、私の右隣にすわっている友人から声がかかりました。「先生、こちらの人もヒーリングしているそうですが、今日は体調が悪いそうだから、治してあげてください」と、言います。

そこで一計を案じました。せっかくだから、左隣の人の霊的な感覚を活用させて頂こうと思ったのです。左隣の霊感の強い方に、これから私の友人の右隣の方をヒーリングするので、その変化をみて頂くようにお願いしました。そこで、一列に並んで座った四人ですが、両サイドの方が顔を見える様に、中に座っている二人が少し椅子を下げました。そして、数秒のヒーリングをしました。

私のヒーリングを受けた方は、その効果がわからないと言います。まあ仕方のないことです。会場は、百二十名の人が飲んで食べてしゃべって、とても賑やかなので感覚は鈍りますから。次に左隣の方に、どうだったか感想を聞きました。

「あの方は、呼吸が楽になりました。そして、先生のヒーリングの影響を受けたお陰で身体が楽になりました」と、さらりと言われました。

私は、この方の感覚は本物だと思いました。ヒーリングをすると、身体があたたかくなるのが多くの方の感じるところですが、呼吸が深くなるのも一つの特徴だからです。すると、先ほどのヒーリングを受けた方が、驚きの声を上げました。

「あれ、目が良く見える。さっきまで見えなかったディナーのお品書きが読めるようになりました。そして何か身体が楽な気がしてきました」というのです。雰囲気を盛り上げるためか少し暗いパーティ会場でしたが、薄暗い中でも字が読めるようになったのでした。私も、効果をわかって頂いてホッとしました。やはり、ご理解を頂ければ嬉しいものです。

さて、しばらくして、あるアイデアが浮かびました。それは、講演会での二百名のヒーリングをしたのに続いて、この会場の参加者全員のヒーリングをしたらどうかと思ったのです。せっかく、お隣に感性の素晴らしい方がいるのですから、このチャンスを活用して変化を見てもらうことにしました。そこで、これから、会場全体の人、百二十名をヒーリングするので、その様子を見てもらえるようにお願いしましたら、快諾してくださいました。

数秒間、ヒーリングをしました。

「あ、面白い。みんなの頭の上から泡のようなものがシュワシュワと出てきて、会場の中央に集まってから上に登っていきました。会場が明るくなりましたね」というのです。

その言葉に私も、会場全体を見渡しました。それまではエネルギーは活発なものの少しトゲトゲしかったのが、スーッと澄んだ空気になったのを感じました。どうやら、大人数に対しても効果があるという確信を深めることができた出来事でした。

◎ヒーリングとは、人の力ではないのかもしれない

講演会での二百二十名を超える方、あるいは、パーティーの百二十名ほどの方を、ヒーリングしたのです。瞬間でも出来たかも知れませんが、用心をして、数秒、ヒーリングしました。

日常の臨床において、瞬間のヒーリング効果を検証してみました。すると、「瞬間的、一秒思った」だけでも効果は現れるのです。本当に不思議です。そういうことが、いつでも簡単に出来るようになりました。

念というほどに意識を集中していません。ただ、軽く思うだけですから、念の力ではないと感じています。また、気功のように、自分自身の気のエネルギーを送るわけでもありません。しいて言えば「祈っている」という言葉が最も当てはまるものです。『あるヨギの自叙伝』という著書で有名なインド人のヨギで、アメリカでご活躍されたパラマハンサ・ヨガナンダ師は、祈りは瞬間で成し遂げられると言っています。

それにしても、相手が一人だけなら可能性はあると思うのですが、私のわずかな意識の力だけで、大勢の方のヒーリングができるのはあり得ないことだと思うのです。そう考えた時、宇宙の力が働くか、霊的な力が働いていると考えるのが自然ではないかと思うのです。

密教の織田隆弘和尚は、大日如来の宇宙の生命の力を、受けて行っていると言われます。「大日如来の宇宙の生命力を受けて加える。だから『お加持』だ」というのです。

御子息、織田隆深和尚のお加持を拝受し、私はその力を体験しました。そこまでは比較的素直に驚きながら、如来の力という考え方を受け入れることが出来ました。しかしながら私は、霊の力ということを考えると、今の私の理解の範囲を超えることになってしまうので、信じがたいものです。ですが、イギリス人の偉大なるヒーラーである尊敬するマクドナルド・ベイン師、ハリー・エドワーズ師が、ヒーリングを行うには指導霊の助けが存在していると、ご著書に書かれているので、きっと間違いのないことなのだろうと感じています。

いつか私も、その指導霊の存在を体感、あるいは理解できるようになれたら、と楽しみにしています。しかしながら、理解のできていないのは凡夫の悲しさなのか、現代人の頭脳思考によるのでしょうか。とは言え、背後に霊があるという体感をしていないのは間違いありません。まだまだわからないこと、解釈できないことだらけのようにも感じます。しかし、ただ不思議ですますのではなく、もっともっと現象を深く理解できるようになりたいと思うのです。

人知では計り知れないものが真理の世界なのでしょう。

◎春先からの体調不良の原因は

真癒としての活動を始めてから、一年が経ち、冷えがやわらぎ始めた春を迎える頃でした。

このころから、朝、起きるのがしんどくなってきました。いつも、五時ごろには気持ちよく起きていたのですが、目は覚めるものの起き上がる気力が出ません。そういう日々がしばらく続きました。持病というか、私の体質の便秘もひどくなりました。子供のころから便秘には慣れっこになった私は、いつも二、三日は気にしないのですが、一週間も便秘になることが頻繁になりました。しかし、薬を飲まず様子を見ていました。人間の身体とは不思議だなあ。と思うばかりでした。何しろ食べる量はいつも通り食べ続けているからです。普通なら便秘薬でも飲むのでしょうが、私は自然に過ごしていました。便秘のことよりも気になり始めたのは、朝に起きれなくなったことです。

信頼するヒーラー仲間の南先生に相談しました。南先生は、仙骨療法の時代からの信頼する方で、ともに仙骨療法をやめてグループとして活動した仲です。大阪に帰ってきて、久しぶりに再会すると、南先生も骨格のアジャストをやめて触れない治療に転向していたので、お互いに、その治療家としての進化を称えあったものです。

その南先生にヒーリングをしてもらい状態を聞きました。

「荒尾先生、かなり受けていますね。私は自分で受けないように研究していますが、荒尾先生も、受けないようにしたほうがいいですよ」

よく治療家は「受ける」というのですが、私の方法は「受けない」と思っていました。が、もしかすると、受けているのかもしれないと考えてみました。私は、人の意見は参考にさせて頂いているつもりです。そのうえで自分自身で確認作業を行うようにする主義です。それを踏まえ、正しい情報なのか、間違いなのかを判断するようにしています。せっかくの人生、間違いを信じて生きていたくありませんから。

気になったこと、興味がひかれることは、事実によって、判断をしています。ただ、信じられない、ということだけで、否定するような非科学的な態度はとりません。もし、否定するに足る材料がなければ仮説として認めておくことが正しい態度だと思うのです。

さて、そこで、もしかすると、確かにヒーリングをしてそのクライアントの影響を受けているのかもしれない。と考えて過ごしました。

ある時に、気が付いたことがありました。明らかに、本を出版して以降は、遠隔ヒーリングの効果が著しくなってきていたのです。以前は、遠隔ヒーリングでは力不足を感じたものですが、今では遠隔ヒーリングでかなりの効果が出るようになっていました。その反動が来ているということに思い至りました。若い頃から、治せないと感じる時には、「自分の身体はどうなってもいいから、治させてください」と、願ったものでした。しかし、現実に遠隔ヒーリングを効果的にできるようになった今、冷静に考えれば、自分自身の体調が悪くなって病気にでもなっては元も子もありません。もし引き続き、自分がヒーリングを出来なくなるようなら話になりませんから。

◎ヒーリングをしても「受けなくなる」方法

さあ、病気の影響を受けているのかもしれない。と思うと嫌なものです。

しかし、これもヒーラーの宿命です。正面から向き合うしかないと思い定めました。朝起きれないのは続いているものの、日常のヒーリングは確実な効果を出せているので、その点は、安心でした。こういう場合には、問題は頭の隅に置いておいて新しいアイデアが出て来るのを待つのが私のやり方です。初夏の日差しの強さを感じるようになった頃、一つ気が付きました。

私は眠りの質は深いのですが、時折、夜中に目が覚めることがあります。その時に気になっている症状の改善しづらい方を思い出しては、ベッドの中で遠隔ヒーリングをしていたのです。そうして気が付いたらまた寝入ってしまうということをしていました。夜中に目が覚めると、これ幸いと遠隔ヒーリングをしていたのです。すると、よく眠れるようにさえ感じていました。実は、これが一つの大きな原因だったのです。

遠隔ヒーリングをすると、一人くらいではわかりませんが、何人もヒーリングをしていくと自分自身の心臓の拍動が変化してきます。心臓、脈拍の変化を感じます。私は今、ヒーリングのご依頼をいただいた方には写真をいただき、写真を見ながら遠隔ヒーリングをしていますが、その時に、症状の酷い人の時には手が脈動してかすかに震えだします。「あ、反応しているなあ」と思ってやっているのですが、それだけ影響を受けているのは間違いないようです。

その影響を受けていても、意識がしっかりとしていれば、自分自身の身体を整えようと働いてくれるのですが、寝てしまっていると、その補正作用をしないままに終わってしまうのです。そうして、肉体には疲労となって蓄積させてしまっていたのです。その結果、朝、起きれないという状況や、体質の便秘が強くなったということがわかりました。

それから、夜中に目が覚めても、遠隔ヒーリングはしないようにしました。すると、朝の疲労がなくなって、もとのようにさっと起きれるようになってきました。

いま、更に遠隔ヒーリングをしても受けないための大切なことがわかりました。それは心の持ち方です。

ヒーリングをする前と後に、自分自身の身体を整えるための時間を設けることです。姿勢を正して、心を落ち着けることです。特に、宇宙に、神仏に心を合わせる様にするのが良いように感じます。そして、自分自身が欲にまみれないように、心を清浄にすることです。愛で満たすのが一番良いのだと思います。愛の意義は、最高の安らぎを与えてくれます。

◎自分自身の生活習慣の気づきが必要

そうしているうちに、子供のころからの便秘症も改善してきました。

人が不調になるには、必ず原因があります。ですから、私の不調の原因を紐解いてみたいと思います。便秘症の改善の一つは、ヒーリングをして悪影響を受けなくなったこともありますが、もう一つあります。それは水をよく飲むようにしてからです。私は、あまり水は飲まない人でした。振り返ってみれば、その理由も良く分かります。私は熊野の那智の生まれ育ちです。中学生時代にはサッカーをしていました。ちなみに、県大会で優勝。近畿大会でもベスト8でした。とはいえ、私は、何とかレギュラー入り出来ていた程度で、仲間がとても上手だったからです。

当時、運動をしていると水を飲むな、というのが常識でした。そこで、水はあまり必要ないという意識が刷り込まれます。せっかく山紫水明の地に住みながら、那智の滝からひかれている美味しい水をあまり飲まなかったのです。

水難の悲劇は続きます。大学進学に伴って大阪に出てくるのですが、当時の大阪の水はひどくまずかったものです。水は飲まない方が良いという刷り込みに加えて、水がまずいので、水分摂取量が少なかったのです。

もう一つ、腸にとってよくなかったと思われる節があります。それは子供の頃、牛乳がとても好きで毎日牛乳を二，三本飲んでいたことです。牛乳は身体に良いという「牛乳神話」を信じていた私が、乳製品が実は骨や腸に良くないものと知ってとても驚いたものです。

さて、ある時から、水をよく飲むようになりました。それは、ダイニングテーブルに水をポットに入れておいて気軽に飲むようになってからです。

それには、理由があります。私はドライブが好きです。そして、生まれ育った自然の豊かな郷里がこよなく好きです。日差しが強く、雨が多いからでしょう。海は青く、空は青く、そして、山も青い、自然のエネルギーの強さを感じるところです。場所は紀伊半島の南に位置しています。

まだ今のように遠隔ヒーリングができなかったので、年老いて体力の低下が著しくなってきた母の治療のために、頻繁に、帰っていたのです。

那智勝浦の港の前に、お気に入りのボンクラコーヒーという店があります。洒落た内装と、気配りの素晴らしいマスターがいます。そこに行っては、美味しいコーヒーを飲みながら、くつろぐのです。ある時に、マスターが、「荒尾さんは水をたくさん飲むから、グラスを大きいのに変えとくね」と言ってくれました。その後、ある時に、「荒尾さん、テーブルにピッチャー置いときますね」と言いました。この二つの事件?で、私が水をたくさん飲むことに気づいたのです。くつろいでいると、頭脳ではなく身体の要求に従うのです。本当は、身体は水を欲していたのに、面倒だと思うし水に対するトラウマが、水不足にしていたことがわかったのです。いつも、ヒーリングをしても治りの良くないクライアントがいると、その原因を発見しているのに、自分自身の水分不足に気づかないまま何十年も過ごしていたのです。

◎生活改善で三つの症状が消えた

水をよく飲むようになると、便秘が解消されました。考えてみると、大腸と言う臓器は消化された食物に含まれている水分を吸収するのが役割です。しかし、水分があまり入ってこなかったので、あまり働くことができなかったのでしょう。このように考えることが大切です。症状があるからと、すぐに薬に頼ってしまうよりも、病気や症状、身体の異常が現れてきたのであれば、自分の日常生活に原因があるのですから、見直しが必要なのです。

食べ過ぎて薬、飲みすぎて薬、疲れたからドリンク剤と、いうような自分自身の身体を、強引に治そうと言ういじめる様な生活は止めることです。原因を見つけ出して、そしてその原因と向き合い、その症状を生み出した行為をしないことが大切なのです。自分自身の身体を大切にすることです。もっとも、健康食品をとって治そうと言う考え方にも無理があります。現代社会では、栄養不足で病気になるよりも、食べ過ぎで病気になっていることの方が多いのですから。

さて、私自身のことですが、水をよく飲むようになってから、そういえば、他に二つの改善点があります。

一つは足の攣りです。朝起きれなくなった頃は、夜になると足が攣りやすくなっていて困っていました。足の攣りがきつくて痛くて。

私は、坐禅をしていて腰椎を極端に痛めてしまっていたのです。それでも、基本的に健康なのですが、腰椎の悪影響が出て鼠経ヘルニアにはなるし、足も攣るようになったのです。坐禅をする時には下腹部に力がみなぎる様にしないといけないのですが、仙腸関節の矯正を受けすぎていて腰の関節が弱くなっていたのです。それで、下腹部ではなく上腹部に力を入れてしまったのです。レントゲン写真を撮って観察してみると腰椎と仙骨の間の関節が大きく損傷していたのです。そんなわけで、時間をかけて骨の変形が治る様にしない限り、この足の攣りは治らないかもしれないと思っていたのが、今ではすっかり改善しました。

もう一つは、お腹のマダラ模様です。

カイロプラクティックをしていた頃、この症状に気づきました。二十五歳の頃でした。それ以降、アルコールを飲むと腹周りに、ヒョウ柄のようなマダラ模様ができるのです。何となくいやだなあと思っていたのですが、近頃、着実にそのエリアが小さくなってきたのです。これも、水を飲むようになってからのことです。腸が水不足で働かない分だけ新陳代謝が悪かったのだと思います。

生活の改善というのは、やはり力のあるものです。このこととは、直接関係ありませんが、私自身のことで一つお伝えできる事例があります。

それは、三十年程前に右の人差し指に酷い怪我をしました。傷が癒えてからも関節まで痛めてしまっていて指があまり曲がらなくなっていました。人差し指が使えないと小銭を掴みにくくなったり不便でした。また合掌をしても右指が伸びないのできちんと合掌できなくて困っていました。それが、今でも徐々に徐々に回復して、数年前まではまだ曲がっていたのが、ほとんど真っ直ぐ伸びるようになっています。このような古傷も着実に治っています。内からの治療、生体エネルギーの回復というのは、こういうように全身を整えてくれるものです。前述の痛めた腰椎もこれから改善してくることと思いますので楽しみにしています。

◎あなたが健康でいるだけで社会貢献となる

いかがでしょうか。私個人の体験によってわかった生活習慣ですが、生活の改善の大切さをご理解いただけましたでしょうか。日常の生活は、些細なことでも毎日のことです。それを何年も、何十年も続けていると、徐々にその結果が厳しい現実として現れ始めます。しかしながら軽視してしまうものです。徐々に変化するので気がつかなかったりするものです。

私は、年をとっても今と変わらないくらい元気でいたいと願っています。もちろん、将来のことはわかりません。とはいえ、身体を大切にするあまり行動が制限されすぎたり、精神的にストレスになるようではいけません。しかし自分自身の身体を大切にすることが良いことには間違いありません。

ちょっと変わった視点で、健康を考えてみましょう。お金の面で。

もし自分が病気にならずに医療費を使わなければ……、二〇一七年度で国民医療費は約四十三・七兆円。一人当たり約三四万円。高齢者六十五歳以上が六割を使っていて、七十歳以上で約九〇万円近い。七十五歳以上になると百万円近いと言います。八十歳を超えると軽く毎年百万円を超えていることでしょう。ということは、もし、八十歳以上になって医療費を使わなければ、年百万円も節約できているということになります。もしも六十五歳から八十五歳まで医療費を使わなければ、平均八十万円と、すこし低く見積もっても二十年間で千六百万円も若い世代への負担を掛けなくて済むということです。

もちろん、気を付けて生活をしていても病気になるかもしれませんから、その時は、助け合いの精神で医療保険を感謝して使わせて頂けばよいと思います。

このような事実は、理解しておくことも必要ではないでしょうか。

前向きな気持ちをもって適切な運動をして、正しい食生活を心がけるきっかけにして頂ければと思います。健康でいることは、自分自身にとっても、若い世代のためにも良いことなのです。つまり、健康でいることが社会貢献活動をしていることになります。

私は、ヒーリングを通して、社会福祉の貢献をしています。医療費によって、医療業界の活性化につながっているのも事実ではありますが、どうせなら、楽しい産業が活性化した方がいいですよね。

◎悪因悪果、善因善果の法則を活用すればよい

何々をすれば癌が治った、何々をすれば健康になった……という広告であったり、雑誌の記事、書籍の記事がありますが、妄信せずに冷静に考えるべきです。

難病になった方がその病を克服したことで、大きな喜びとともに、使命感が目覚めることがあるようです。そこで、自分の体験をみんなに知らしたいという、良かれという思いによって、前述のような、「何々健康法が最高だ」というものを見ることがよくあります。確かに、その想いで表現されることは素晴らしいです。が、一人の経験が皆に当てはまるとは限りません。ですから、そういう記事を読んだ方は、その記事の内容を参考にしたうえで、自分自身に当てはまるかどうか、よく考えるべきです。

例えば、玄米菜食が良いといっても、胃腸の弱い方が、急に玄米菜食にしたら玄米に胃腸が負

けて消化できなくて、よけいに調子が悪くなります。インスタントのレトルトばかり食べていた方が玄米菜食にすると、元気になることがあるでしょう。菜食もいいでしょう。しかし豆類を摂らなければ、たんぱく質不足になります。日ごろ、食べ過ぎていた人が断食をすると調子が良くなります。しかしながら、栄養失調気味の人が断食をすると体調は深刻なものになります。

雑誌の記事を見て飛びつくのではなく、自分自身の生活の問題点をかえりみて、どういう生活に変えていくか対処法を考えるべきです。私は、こういうことを保健所でもっと指導していくべきだと思います。

とにかく、間違った生活をしながら、病気を薬で治そうとするだけというのは感心しません。本当に必要な薬は利用すればいいと思いますが、長く使うと副作用がじわじわと起こります。薬を飲むに至った原因を改善することです。何事も原因無くして結果はありません。病気というのは悪因悪果なのです。健康になるためには、善因善果の法則を活用すればいいのです。

◎甘いものの悪影響は計り知れない

私は、お酒もたしなみますが、実は、甘党でもあります。ケーキも好きだし、クッキーも好き。饅頭もいいですよね。クリームも良いけども、小豆餡もまた美味しい。チョコレートもいいなあ。ただし甘いものを食べ過ぎるといけません。普段、何の症状もなく爽快な体調を維持している私が、膝や、腰、肩、頭、どっかここかに痛みが現れ始めます。

身体は正直です。膝が痛くなって反省する羽目になったりします。そして、一日二日たてば元の爽やかな体調に回復するわけですが。私は自分の許容量を図りながら、食事は楽しんでいます。それにしても若い時ほど食べれなくなりました。食べようと思えば食べれますが、少し食べ過ぎると、その後は、身体が重く感じます。

健康だと何をしても許されるわけではありません。生身の人間ですから、むしろ敏感になって身体の負担を掛ける様な無理をしなくなるのです。というか、出来なくなるのです。ヒーリングを受けると、タバコがまずくなり、コーヒーがまずくなり、甘いものもたくさんは食べられなくなります。お酒もセーブできるようになります。健康度が上がることで、身体のブレーキがよく働くようになるからです。

ところで、真癒に通ってきてくださる方が、体調を崩すことがあります。私は、ヒーリングを受けてから、一週間以内くらいで体調が悪いという場合には、まず好転反応を疑います。特に、三日以内であればなおのことです。

一ヶ月以内で体調がよくないという場合には、まず、食べ物を疑います。色々と伺うのですが、不調の原因は、甘いものがダントツの一位です。ご存じの方も多いかもしれませんが、本当に甘いものは影響が大きいのです。「砂糖は麻薬」という言葉もありますが、頷けるところがあります。二位には果物が続きます。ビタミンやミネラルがあるとはいえ、果糖が原因ですね。今の果物はおいしく果糖が多いのです。三位にインスタント食品、スナック菓子などの添加物の多い食品。統計はとり切れていませんが、その後に、生活習慣、食べ過ぎ、飲み過ぎ、カフェイン、と続くと感じています。

◎毎日の関節を動かす運動が大切

運動が大切ということは、どなたも理解していることと思います。歩くことが身体に良いというのも常識です。私は、若い頃はかなり身体を鍛えた方です。それが、ある時に驚くことになります。若い時は、立って前屈すれば手のひらが床についたり、座って開脚して前屈すると胸が床につく程でした。足を前後に開脚して前足に胸をつけることが出来ました。だから、前屈はお手のものだったのです。ところが、立った状態から前屈すると、手の指先が地面につかないのです。五十歳を過ぎた頃だったでしょうか。

実は、指先が地面につかないどころか、地面から三十センチほども空間があるのです。驚きました。

そこで今度は、身体を後ろに曲げる動作をしてみました。背骨が硬くて後ろにあまり曲がらないのです。驚きました。

驚きのダブルパンチでした。

何しろ、若い時には、身体を後ろに曲げれば両手を地面につけて、ブリッジができていました。だから、身体は今でも柔らかいと思っていたのです。それが、ある日、出来ないどころか、硬くてあまり曲がらなくなっていたのです。振り返って考えてみると、肩こり、腰痛などの症状はないものの、運動はあまりすることがなくなっていたし、毎晩、晩酌をするようになっていました。それに致命的なのは、坐禅で腰を痛めたことが原因でした。

それからというもの、自分自身を見直すための五体投地を毎日することになり、どんどん回復しました。さらに三年前から太極拳を始めました。毎朝、太極拳を二十分ほどするようにしました。いまでは、かなりいいコンディションになりました。腹もひきしまって大学生の頃と変わらないレベルになってきています。

ヒーリングのレベルを上げるというのは私の悲願ですが、もう一つ私のロマンがあります。七十歳、出来れば七十五歳で武術の技能を自己最強にすることです。いつまでも武道好きは変わりません。自分自身の体力を維持することになり、技術をずっと高めていける、というのが、私にとって武道の大きな魅力なのです。

ただし、ライバルはただ一人、若い頃の自分です。

◎老化はどこから始まるか？

老化現象というのは、当たり前の話ですが誰にでもやって来ます。どんなに健康な人にでも、老化現象は起こります。

「人間というものは、オギャーと生まれてから、日々、墓場に向かって歩む」という言葉もあります。少し残酷なような言葉ですが、これはもう間違いのない真実です。人は生まれ、人は死ぬのですから。その生きている間に、私たちは様々な人との素晴らしい出会いをし、悲しい別れをし、そのような、いろいろな経験を積むことで人生が充実したものとなっていきます。その中で、喜びや、楽しみ、悲しみ、悩み、恐れ、などの感情を味わいます。そうしながら、肉体的には衰えながらも、精神的に、内面的に人間としての成長を成し遂げていく訳です。

そういう面からは、間違いなく老化というのは、体験した時間に比例するのですから、マイナスに考えることも必要ないことで、全ての現象を自分自身の成長に結びつくように理解して受け止めることこそ大切だと思います。とは言え、年をとるとともに、老化現象が現れるということは、身体の様々な部分に問題が起こってくる確率が高くなります。そこで、日々の生活を正しく上手に過ごすことで、老化現象も最小限にして、さらには様々な身体に起こるであろう問題も出来るだけ回避したいものです。

概ね人間が成長する年齢はというと、二十五歳くらいまでと考えていいかと思います。身長は遅くても二十歳程度で止まりますが、親知らずが生えおわるのがその頃だからです。その辺りを身体の大きな分水嶺と考えると、三十歳くらいからは老化が始まると言えます。三十歳くらいの、まだまだ若い女性が、「もう年だから～」というのも正しいのかもしれませんね。

ですから、老化というテーマで話を進めてはいますが、いま、この本を手にしている若い方も、決して関係のない話ではないことを知っていてください。食生活などの影響、老化のあることを少しは意識して、健康で瑞々しい身体を維持していただきたいと思います。

私の治療室に、八十歳を超えた女性の方がお越しになっています。この方は、今はすっかり症状はないのですが、健康管理のためにお越しになってくださっています。しかし、股関節の手術をされていたり、交通事故の後遺症などもあったために背中がかなり曲がっていて杖をついて歩かれています。一般的な姿勢の歪みは回復することが多いのですが、さすがに、ヒーリングしてもこの方の、背中の曲がった体型は中々改善しません。このような、ご本人の持つ生まれ持った特質のような姿勢の改善は私の今後の課題と考えているところです。さて、こちらの方は、前述の通り、背中が曲がってはいるものの、肩こりも腰痛も膝痛もありません。やはり、生体エネルギーが流れているから、肩こりや腰痛、膝痛などの症状が無いわけです。もし、健康管理のためのヒーリングを受けていなければ、もっと背骨が曲がって、肺や胃に圧迫が起こるために呼吸が浅くなっていたり、食事が不自由になっていることは、おそらく間違い無いでしょう。

このような背骨の曲がりなども、その老化現象の一つですが、いかにすれば、その老化の予防ができるのでしょうか。

老化現象の一つは姿勢として現れます。姿勢の良いことは、やはり、健康でいるための大きなメリットです。世の中では、病気や老化を心配する人に向けての、サプリ、健康食品のＣＭ広告が盛んです。テレビを見ていて、お金を儲けることに対するあまりにも強い情熱にはうんざりするほどです。この世の中で、生きていく上で誰にとっても、お金はとても大切なものです。さらに、家族を養う、社員を養うという立場になればお金は必要性を増すものです。が、昔の日本人は、お金儲けを卑しいものとした面がありました。お金の儲け方が、どういうものであるかを大切にしていたということです。

話しを戻します。行き着くところ、老化はどこから始まるかというと精神的なところからだと考えられます。やる気のある人、気が若い人は、やはり元気ですし、気持ちがネガティブな方は老化が進んでいるように見受けられます。やはり、人間を人間たらしめているのは意識であり脳です。脳は、大脳、小脳、脳幹に大別されます。これらの主な働きを確認してみたいと思います。

大脳は、情報を識別してそれに応じた運動を決定したり、記憶をしたり、感情、認知という働きがあります。小脳は、運動調節機能を担当しています。そして、人間の生存的な機能を取りまとめているのは脳幹です。脳幹には、呼吸、血液循環、体温調整などの生命を維持するための基本的な機能があります。そして、私たちが日常の生活において、どのような行動をするかを考え決定しているのも脳です。ですから、脳の使い方、意識のあり方が身体を作り上げていると考えることができます。脳と意識を正しく使いこなすことが何よりも大切といえます。

◎栄養食品と健康

栄養食品の話に戻りますが、何か、ある特定の栄養を含んだものを食べれば、それがきちんと身体に消化吸収されて、そして自分自身の身体に変化してくれるかのような内容が多いのですが、そういうものでしょうか？　そんなわけはありませんね。

もちろん、栄養素は大事ですが、肉を食べれば、身体に筋肉がつき、骨の成分を食べれば骨が丈夫になる、関節を構成する成分を食べれば関節が丈夫になるかのような、とても簡単な論理の展開ですね。そんな単純なものではありません。確かに、その人にとって不十分な栄養素があれば、その栄養素を摂ることは大きな効果を上げますが、実際に、栄養不足によって症状が現れている方と言うのは今の世の中では少ないでしょう。冷静に考えれば、わかるようなことですが、ついつい、のせられて買う方が続出しているからテレビコマーシャルの花盛りというところでしょう。健康になるには、健康食品を摂って健康になろうとするよりも、むしろ違う方法が有効です。それは、間違った食事や食べ方を改めることです。

よく考えてください。何か問題が起こった時には、原因を考えることが必要なのは当たり前のことです。その問題は、何かが足りないから起こったのか？　何かが多すぎたから起こったのか？　その両面から考えることが必要なのに、今の世の中は、ビジネスのために売ることを目的とした立ち位置から出される情報が多くなります。

何かを売ること。すなわち「足すこと」のＣＭ、情報が多いのです。そこで、「とても大切な有効な栄養分がある○○を取りましょう」となるのです。しかし、実態は、今の老化の原因は「引くこと」の方が要求されていると考えて間違いではないのです。では何を引くことが大切なのか、それを理解していくことです。

心がけておきたいことは、テレビ、新聞、インターネットの情報を鵜呑みにしないことです。特にコマーシャルの宣伝にはさらなる用心が必要です。人間というものは、投資をする時には、ある特定の目的がある訳ですから、コマーシャルを見ても鵜呑みにしない能力を鍛えておくことが大切です。そして、そうしながら、素直に事実を見つめて判断することです。

そのくらいの能力がないと、原因療法の本当の良さも理解していただけないものなのです。私は、様々な療法と出会い、そして学んできましたが、その療法を行っている先生のお人柄、そして理論と、臨床における実例と、レントゲンという証拠を元に判断してきました。ただ、軽々しく飛びつきはしませんでした。考えてばかりもいけませんが、道理に叶っているかどうかを判断の基本にしていくことは必須だと思います。

◎食生活と、病気の関係

日本人の食べ物の中で、病気や老化の原因となるものは何か。やるべきことは何か、やめるべきことは何か。と考えることが大事です。悲しいかな、現状の医療では原因を考え、何かを止めることを選択する先生方が少ないようになっていると感じます。日本の医療システムが薬を出すことに依存しすぎているからです。もし、薬によって副作用があっても、その症状を抑える薬をだすのですから困ったものです。患者側も、医師を頼りにするのはいいのですが依存になりすぎないように、自分自身の身体なのですから、キチンと身体の変化をよく観察して責任を持って、担当の先生にお伝えすることが大切なのです。

詰まるところ自分自身の生き方が現れているのが、現在の身体の状況ですから、自分自身の生活の見直しもし、充実した保険制度があるからと医療に頼りすぎたり、過度の依存は避けるべきです。何をするにしても、依存体質で良いことは起こりません。

一九六〇年までの日本人の食事は脂質が少なかったのです。それが急激に増えています。だからでしょう、それまでは脳血管障害でも、脳出血が多かったのですが、今では、脳出血は少なくなり脳梗塞が多くなっています。そして、現代社会は、癌が増えました。今や飽食の時代と言われますが、便利になったようでインスタント食品、添加物の多い食品が増えたことで、質の低下は大きな問題です。

ある時、学生時代に、共に汗を流した武道仲間と食事会をしました。久しぶりに会ったのですが、若い時に過ごした思い出の共感はとても深く、心から楽しく過ごすことができました。

私を含めて四人で会いました。

親友は、運動もよくして節制もして今も元気で、バイクや自転車の長距離ツーリングも楽しんでいます。六十一歳の今も老眼鏡もいらないとのこと。老化現象が穏やかなのでしょう。私もそうです。豪傑の一人は肝臓を傷めていました。若い時の過度の飲食がたたったのです。四人の中で最も若い一人が、昨年、心臓の手術までして大変だったと言います。驚きました。

◎心臓病とマーガリン

現代社会の一つの問題点を感じざるを得ないことがありました。

それは前述の心臓を痛めた友人に基づいての考えなのですが、もっと生活についての正しい理解を、行政が促すべきでありながら怠っていると感じるのです。病気の原因を広く認知させる姿勢がなく生活の改善を促す努力が無さすぎるのです。

添加物が多用されるようになって、人工的に美味しく、便利で、安く、製造できて会社は利益が上がっても、その食品の害についての知識が一般人に伝えないままになっているからです。食の安全性についての知識が、一般人が不足するのは当たり前のことです。

私は、医療の問題なのか、行政のあり方が問題なのか、どこに解決策を求めたらいいのかと思い悩むほどです。一般の生活に、実は病気の原因は潜んでいます。なぜなら、病気は偶然に発生するものではないからです。

因縁因果という言葉がありますが、これは宇宙の法則です。その病気になる因縁を見ずして、因果である症状を何とかしようとしていても、予防はもちろんのことながら、本質的に解決することができるわけはありません。因縁となる行為をやめなければ、徐々に悪果はやってくるのです。病気を治そうとすることも大事ですが、それ以上に、健康を維持することが本質的なことです。

何故このようなことを言うかは、病いの原因は食にあることが多いからなのです。私も、ある程度の食と病気の統計を勉強していたので友人の心臓病の原因には予測がついたのです。

アメリカ人はとても心臓病が多く死因の一位です。それに比べて、日本人はあまり心臓病を患ってる人はいません。なのに何故私の友人はまだ若いのに心臓病になったか？　それは、ここに一つの答えがあります、アメリカ人は、とても肉食が多く、特に牛肉の脂は血管を痛めるので心臓病が増えるのです。日本人は、牛肉は少なめで魚をよく食べているで、血管があまり痛まないのです。そのようにアメリカでは心臓病が多いので、マーガリンを禁止したのです。マーガリンはトランス脂肪酸が多く、血液をドロドロにしてしまいます。アメリカ人はただでさえ肉食が多く、さらにマーガリンを食べると、心臓病患者が激増するので、マーガリンの使用を禁止したのです。まず、ニューヨーク市からマーガリンの禁止が施行され、そして今では、全米に広がっているはずです。

食べ物が原因で心臓病を誘発するのです。

今までお会いしたクライアントの心臓病の方は、やはり牛肉が好きでよく食べていました。

私は、その心臓病になった後輩に、「牛肉やマーガリンをたくさん食べなかったか」と聞きました。

「よくマーガリンは使います。何でですか」と驚いていましたので、こう答えました。

「マーガリンは、心臓にすごく悪いからだよ」

案の定、マーガリンをたっぷりとパンにつけて食べていたそうです。それが原因で心筋梗塞になり手術をして、死ぬまで血液をサラサラにする薬を欠かせなくなったのです。今は、塩が制限されているそうですが、マーガリンについては医師から注意がないというので、私はとても驚きました。優秀なお医者さん方でも、食の安全についての情報知識が不足しているのです。

もし、彼が、少し早めに私のヒーリングを受けてくれていれば、食生活の改善と合わせて対応すれば、手術をすることもなく、死ぬまで薬を飲むことも避けることができたと思います。これからでも、ヒーリングを受けて食の改善をすれば、状況はかなり変わってくることでしょう。

ヒーリングを受けるだけで、身体の血液浄化作用が強まったり、感覚的に食の嗜好が代わりますので予防ができたかもしれません。私は、いつもクライアントにはパンを始め添加物が多いものには注意するようにお伝えしています。やはり基本としては、ある程度の生活指導は必要です。病気の原因は、必ずあります。偶然、病気にはなりません。是非、体調が悪くなることは、偶然ではないことを理解しておいてほしいと思います。健康は自分自身で守っていかなければなりません。

私からすれば、頭痛、肩こり、腰痛、膝痛、だるさ、不眠、というようなあらゆる不快な症状は、身体からの注意信号だと言う認識を持つべきなのです。

医療関係者は、適切な対症療法的な処置をすればいいのではなく、原因に気づくお手伝いをするべきです。

日本人の癌が多くなっているのも、食べ物の残留農薬や添加物の影響は極めて多いので、気をつけてください。私は、政府が、行政が、もっと国民の健康でいるために責任を持って食品が良質的な物になるように厳しく規制すべきだと思っています。皆さんも、ぜひ、原因に目を向け、気づいて問題点は改善してください。

幸福で生き生きとした日々を過ごしてください。健康で明るく、人生を過ごしましょう。

◎ストレッチというよりも関節を動かす体操が必要！

健康を維持するための理想的な体操を研究してきました。そしてわかった大切なことは、関節の可動域をしっかりと維持しておくことです。身体の中で老化の始まりは、足からだとか、筋力だとか、骨だとか、血管だとか、いろいろな考え方があります。実際に、現在の様々な機器を使えば、骨密度や、血管年齢、筋力状態は測れます。骨を、血管を、筋力を若返らせようとすることが良いのは間違いのないことですが、何より、関節の可動域を維持するということがとても有効で大事なことだとわかりました。

脳幹からの生体エネルギーの多くが脊柱の中の脊髄神経を通って身体の隅々に流れていきます。水が蛇口につけたホースの管の中を通っていくようなものです。そのホースが歪んでいればその影響を受けて水の流れは弱くなります。それと同じようなことが、関節の部分で起こるのです。

日頃、クライアントの症状を見ていても、時に関節を境に生体エネルギーの流れがガクンと低下していることを知らされることがあります。それは、背骨の一部分であったり、股関節であったり、膝であったり、足首であったりです。関節の可動性が低下するということは、関節の変形が伴っているのです。そこで、関節を変形させないように、関節の可動性を維持しておくことが大切なのです。それで身体の滑らかさを保っておくことになり、筋肉の柔軟性にも、血流の確保にもつながりいます。骨も丈夫にしておくことになります。

毎日、運動をいくらしていても、毎日、一万歩も歩いていても、動かさない関節は徐々に可動域が小さくなっていきます。たとえラジオ体操を毎朝したとしても、身体の動かし方が、雑で、不十分であれば、それだけ関節の可動域が維持できません。私は太極拳を毎朝の日課にしており、とても優れた健康法になると思っていますが、しかし、やはり、可動域を十分に使っていない関節もあるのです。

そこで、毎日、身体の各関節の可動域を理解して、そして、きちんと可動性の範囲をしっかりと動かすことをお勧めするのです。時間を短く簡単に済まそうとすれば三分ほどでできます。ゆっくりと丁寧にすると、十分ほどです。上から、各関節をしっかりと動かすのです。上からというと、首、腕、肘、手首、そして、背骨（胸椎・腰椎）、股関節、膝関節、足関節。という流れで、可動性の範囲を意識して動かします。

その動作を項目別に書いてみます。

- 首：首を回す。首を前後に曲げる・首を左右に傾ける・左右を向く
- 腕：腕を大きく回す、前まわし、後ろ回し。
- 両手の指を組んでぐるぐる回す
- 背骨（胸椎）：手を頭の後ろに組んで、身体を左右に捻る
- 背骨（腰椎）：手を腹の前で組んで、身体を左右に捻る
- 体幹（背骨）：身体全体を前後屈する、身体幹を左右の回旋運動をする
- 股関節：腰を落として片足ずつ伸ばす
- 膝関節：膝の屈伸をする
- 足関節：足首を伸ばす、足首を回す

こんな感じで十分でしょう。

この逆に足の方から首にしていくのも良いかもしれません。試してみて自分自身が心地よく感じる方、好きな方がご自分にあっているはずです。

◎人間の骨は、赤ちゃんで約三百個、成人で約二百個

尊敬する医師のお一人、今は亡き、日野原重明先生。聖路加国際病院の名誉院長で百歳を超えてもご活躍されていました。健康法の一つとしては毎日首を回すということでした。首は一番大事な関節ですから、さすがに鋭い方だと思いました。これだけなら、一分もあれば十分にできる簡単なことですから、ぜひやってください。
とはいえ、何より各関節の可動域を維持することが有効です。ちなみに、その関節を構成するのが骨ですが、
ちょっと面白いことに、成人よりも赤ちゃんのほうが骨の数が多いのです。人間の骨は、赤ちゃんで約三百個、成人で約二百個と言われています。身体の小さな赤ちゃんの方が、身体の大きな大人よりも骨の数が多いというのが不思議に思うのではないでしょうか。赤ちゃんの骨は成長とともに離れていた骨がくっついたり、複数の骨が一つに形成されていくことで、大人では骨の数が少なくなるのです。レントゲン写真を見ると、よくわかります。私も、初めてみた子供のレン

トゲン写真は、一つの骨が三つの部分に分かれていたりして、とても興味深いものでした。

骨の大きさは、人間の身体の中でいちばん大きな骨は、太ももにある大腿骨(だいたいこつ)で、身長の約四分の一の長さがあります。そして、いちばん小さな骨は、耳の中にある耳小骨(じしょうこつ)とよばれる三つの骨のうちの一つ、あぶみ骨で、大きさはわずかに三ミリです。

骨は基本的に、筋肉や腱が付着していて、骨と骨は関節としてつながっています。これらの関節は、脳からの指令によって筋肉が収縮して、骨を引き寄せるようにして手足などが動くのです。その各関節には、それぞれに可動域という動きの範囲があります。

余談ですが、首の骨の数は、哺乳類は七つ。ですから人間も七つです。そして、あの首の長いキリンも首の骨の数は七つです。しかし、長い年月のせいでしょうか、首が動くための関節が発達していて、普通の動物なら固定されている一番上の胸の骨が可動性を持ち、八つの骨が動いているそうです。

身体の中には約二百六十個の関節が存在します。よくストレッチが良いと言いますが、頑張りすぎて痛いことはしないことです。若い時は大丈夫ですが、高齢になると筋肉や関節を痛めます。痛みというのは、身体の最も基本的な声、身体からのメッセージであり、これ以上は無理しないで、これ以上は止めてください、と教えてくれているのです。そして、運動をするときの心構えとして大切なことは、結果を急がないことです。一ヶ月もすると、見違えるように身体が動くようになってきます。通信販売で健康器具など買う必要はありません。運動はやる気の問題です。

お互いに頑張りましょう。

第六章　病の症状とは何か

◎真癒に垣根なし

真癒ヒーリングには、主義主張というのは少ないのです。垣根がないものが本物だと思うのです。

しかし、譲れないことが一つあります。原因療法であることです。

対症療法であれば、真癒ではありません。真癒でないものを真癒と認めることはできません。ただし、対症療法を否定するものではありません。対症療法は、対症療法としての意義があります。対症療法は、現実の癒やし、事実の癒やし、現癒もしくは、事癒ということになるでしょうか。肉体次元の目に見える世界のものです。その肉体次元で命と向かい合っているものです。

真実は、現れの世界と、現れていない世界の両方にまたがるものです。さらに、知っておかなければならないことは見えない世界の療法でも、対症療法が存在します。症状を相手にしているものは当然、症状に対する療法であり、対症療法になってしまうのです。

真癒においても、わずかに症状にアプローチすることが許されてはいます。あくまでもそれは、軽いエネルギー補給程度、分かち合いの精神によってなされる程度と理解していただきたいと思います。

ご本人の生命力そのものを高め健康を取り戻す、と言う真実の癒やしをもとめるのが真癒であり、もし、おなじように真実の癒やしを求めているのであれば、同じ道を歩む仲間だと思っております。

その同じ仲間であるための条件は、治療家として、ヒーラーとして、成長し、利他の実践をするという志です。

クライアントの身体に触れるとか、触れないとかは関係ありません。方法は関係ありません。私は、本来、日本中の、いや世界中の治療家が一体となって活動することが必要だと思っています。今は、残念ながらバラバラです。もっとも、それだからこそ群雄割拠。一人一人が自由な研究もできているのでしょう。しかしながら、みんなが一つになって、研究の成果を確認し合ってその研究の成果を検証しあって、みんなが活用できるようにする方がいいと思っています。

その活動は、どのような活動かというと業界全体のレベルアップ、そして、モラルアップ、社会貢献です。どのような組織にも、社会における存在意義があります。人が仕事とするのは、それだけ世の中が必要としているからこそ、同じ目的を持った人が集い発生するものです。

ただ、自分たちの利益だけを求める集団であってはいけません。

私は、今、本当に快適に、楽に仕事をすることが出来ます。昔のように、骨を動かそうとか、マッサージしようとかする肉体的にアプローチする必要がないのですから楽なものです。ただ、意識するだけで、命を信じるだけで、純粋に祈るだけで、今まで以上の結果のでる治療ができるのです。それも、副作用もなく。

今、もしも代替医療を行っている方々が、自分が行っている代替医療と冷静に比較して頂いて、少しでも良いと感じたならば、真癒ヒーリングを活用していただきたいと思います。そうすれば、どれほど施術をする自分自身は楽になり、クライアントには喜んでいただけるだろうかと思い、多くの方が習得して欲しいものだと願ってやみません。
また、健康に、ヒーリングに興味のある方にも習得をしていただきたいと思います。

◎真癒は仁術なり？

医は仁術なりと言う有名な言葉があります。江戸時代の医師、貝原益軒の言葉です。調べてみると、二つの言葉が見つかりました。

「仁愛の心を本とし、人を救うを以て志とすべし。
わが身の利養を専ら志すべからず。
天地のうみそだて給える人をすくいたすけ、
萬民の生死をつかさどる術なれば、医を民の司命という、
きわめて大事の職分なり」

「醫は仁術なり。人を救ふを以て志とすべし」

「医は仁術なり」というのは理想論なのかもしれませんが、やはり、真癒は、仁術としてある

ように心がける気持ちを大事にしていたいと願っています。

それは、誰にでも利用していただける体制を維持しておくことです。世の中には、経済的に豊かな人と貧しい人がいますが、どなたにも受けていただき、ご利用していただきたいのです。

私をご指導してくださった先生方は、やる気に満ち溢れていてパワフルな方々で、一日に多くの方を施術できる方だったので、技術がとても素晴らしいのには、治療代金は比較的に低くて価値のあるものでした。誰でもが支払える金額設定でした。

実現したいのは、経済的に本当に大変な方にも出来るだけ対応できるようにしておくことです。お金持ちの方には、満足したならば、ご寄付をしていただき、そのお金は、預かり金としてプールしておいて、困窮している人のヒーリング料金に回せればいいなあと、考えています。

それを実現することは、そうそう簡単なことではありません。しかし、いつか、そのようなシステムが構築できるようにしたいと考えています。

さて、前述の貝原益軒の言葉は、真癒哲学に照らし合わせてみると、しかしながら、大きな差異が見出されるように感じました。

「仁愛の心を本とし、人を救うを以て志とすべし。
天地のうみそだて給える人をすくいたすけ、
萬民の生死をつかさどる術なれば、医を民の司命という、
きわめて大事の職分なり」

この中で、二つの言葉にその差異を感じさせられます。

「救う」と「職分」と言う言葉です。

真癒は、救うと言うほどのことではありません。すでに「内にある力」に働きかけて目を覚ましてもらうだけです。そして、真癒ヒーリングというものは、職分、すなわち「仕事」のように見えていても、仕事というよりも、生業ではあるのですが、それ以上に、自分自身の修養をするための歩みであるのです。生意気なことをと思われるかもしれませんが、お許しください。まあ、私は、信仰心の強いところがあるから、こういうように思うのかもしれません。

さて、以前、ヒーリングを受けて健康を取り戻したある方がいます。とても、謙虚で立派な方なのです。久しぶりにお会いするたびに、「あの時は、本当に困っていたのですが、私は先生に助けてもらいました」とおっしゃるのです。そう言われると、どうも、私の方が落ち着きません。私が治したのではないからです。ご本人の力が、宇宙の力が働いただけなのですから。ただ、ほんのきっかけとさせて頂いたのです。

◎風船がポコンと出っ張ったとしたら

例え話になります。

あなたが風船を買ってきて、何度も何度も、膨らましたり、萎ませたりしたとします。すると、風船のある箇所が弱くなってポコンと膨れ上がってきたとします。その場合に、膨らんで来ているところを押せばそこが正常になるでしょうか？ なるわけはありませんよね。あまりに簡単なたとえ話ですので、物足りなく感じるかも分かりません。しかしながら、簡単なたとえ話は、深い真実を教えてくれるものです。

簡単な実験は、本質的なことを教えてくれます。

前述のように、何度も膨らましていた風船が、弱いところができてしまい、ポコンと腫れ上がったようになった場合に、そこを押しても、手を離せば、また腫れ上がってきます。あるいは何らかの道具を使って押さえたとしても、その影響が今度は、違う弱いところに現れてポコンと腫れ上がってくるに違いありません。

これは人間の身体の症状を押さえていても、その負担が、今度は、どこかに現れてくるということを私は言いたいのです。簡単なことですが事実です。

身体は、血圧が上がれば、血圧を上げなければいけない事情があるわけです。血糖値が上がれば、血糖値を上げなければいけない事情があるわけです。肩がこるには、肩がこる事情があるわけです。繰り返しになりますが、腰が痛くなるには、腰が痛くなる事情があるわけです。その事情とは、ストレスによって、影響を受けた生命力の低下なのです。それが大元なわけです。ですから、生命力が本来の状況まで高まれば、バランスを整える力が出てきます。そして、様々な症状は自然に消えていきます。ただし、そういう問題を起こすには、日常生活にもそれなりの問題があるのですから、やはり、それを探し出し気をつけることは必要であることは言うまでもありません。原因を解決できることが、理想です。

とにかく症状を追いかけるだけではいけません。症状の原因から改善をするべきだということです。

生体エネルギーを回復させること。そして、長年の生活習慣に問題はないかをチェックするべきなのです。

◎症状の理解

症状というものを、どのように理解するか——ということがとても大切です。

最初に、物事をどのように考えるか、というのは、その後の行動に決定的な方向性を生み出すのですから、この「症状をどのように理解するか」が大切です。

例えて言えば、ワイシャツを着る時に、第一ボタンをどのボタン穴に収めるかということが大切なことと同じです。

症状というものを、「悪い」と理解すると、症状を取り除こうとします。当たり前のことですが、これでは本質を突いた考えとは言えないのです。症状とは、自分自身を守るための作用でもあるという点を、見逃してはいけません。残念ながら、今の世の中では、「症状＝悪＝不要なもの＝取り除くべきもの」というように解釈しています。

しかしながら実は、症状は身体からのメッセージでもあり、身体の大切なバランス作用であり、身体の大切な防御機能でもあるわけです。そういうことを理解せずに、前述のように症状を悪であると思い、「とにかく消し去ろう」としても、症状を消し去ることは不可能なのです。それは、高血圧の方や、糖尿病の方などが、死ぬまで薬を飲み続けているという事実が証明しています。

健康レベルが上がれば、高血圧だった人が適正血圧レベルに下がることもありますし、糖尿病の血糖値の数値が正常値に収まることもあります。初期的な簡単な腰痛や肩こり、ダルさを放っておいても治るのは、自然に生体エネルギーの流れが回復しているからです。

要するに、症状を「悪」であると思うと、そのアプローチは身体への理解の間違い、ボタンの掛け違いから始まってしまうのです。ですから、ただ症状を取り除こうとする方法では、永久に解決することはできません。身体の理解を誤った結果が現在の医療の状況です。せっかく、優秀な医師、看護師さんたちが真面目に働きながら、病人の数はドンドン増え続けていることに、疑問を抱くべきなのです。

例え、優秀な人間が集まっても、間違ったアプローチをしていては、問題は解決するはずはありません。医療費はうなぎ上りで四十兆円を突破しました。身体の不自由な人も増えています。症状をただ取り除こうとするのではなく、本質的に症状が身体のメッセージであり、防御作用、補正作用でもあることに気づくことです。症状は必要があって現れているものです。

痛みは無理をしないように教えてくれています。疲労感は身体の機能の低下が始まっていることを気づかそうとしているのです。血液検査の数値の乱れは、内臓の限界を超えつつあること、日常生活の乱れの現れです。それを無理に化学物質（薬）で検査数値を揃えているだけではいけないのです。症状が身体に現れる必要のないように、自然と収まるように働きかけることこそが最善の方法なのです。

その方法とは、生体エネルギーを高めることです。

生体エネルギーが高まれば、自然と身体の不調、症状は消失していきます。心も身体も、本来の健康な状態へと姿を変えていくのです。人間の身体の神秘性、奥深さ、素晴らしさに、目を向けることこそ大切なのです。

◎身体の誤作動

「身体は誤作動を起こさない」という理解が大事です。

症状が現れてくるのは、あくまでも、なんとか最低限の負担で身体を維持しようとする働きです。

例えば、目にゴミが入れば、目を閉じます。そして、その間に涙が出てきて、自然にゴミを押し出します。人間の身体の症状は、ほとんどが補正作用。守ろうとする働きです。防御作用です。とは言え、流石に食べ過ぎが続いたり、飲みすぎたり、添加物を取りすぎて内臓の機能を維持しきれなくなってくると、血液の数値も乱れて基準値から外れてきます。もっとも、体質的に基準値から外れても健康体の方もいるのです。身体の働きというのは全てが守ろうとする働きだという大前提が必要です。

ヨーロッパでは、定期検診などよりも自覚症状を治療の判断材料にしていると本で読んだことがあります。症状をもっとよく理解することが大切だと思います。

腰痛や、肩こり、頭痛なども、身体の異常を示すバロメーターに違いありません。ですから、前述の症状などが出たならば、生体エネルギーの低下であると考えて良いわけです。血液検査などの検査を受けなくても、症状のない快適な身体を維持しておくことこそが大切です。

症状が出たということは生命力を高めるべき方法を取ることが必要です。

危険であれば手術をすることです。あるいは症状を作り出した原因を探し出し止めることが大事です。

しかしながら、現在はあまりその原因に目を向けてないということです。これは何度も何度も申し上げていますが、とても大事な本当に当たり前のことだからです。

現代医療に、もし食事の大事さを付け加えて指導をしたならば病人は大幅に減るでしょう。医療関係者の方も、みんながゆったりと仕事ができることでしょう。入院患者は減り、手術の数は減り、外来患者さんも減ります。そうすれば皆さんゆっくりと仕事ができます。あるいは他の仕事に移行できます。本当に困った方をさらに手厚く助けることができるのです。

原因を見ずして人間の身体を不完全なものだと見て症状がまるで誤作動があるかのように見ているることが大きな問題となっているのです。

時には体調を壊してしまうものです。そういう時には、症状を取り除くのではなく、生命力を取り戻す原因療法を活用することです。肉体次元では脳幹の活性化。生体エネルギーを高めることです。生体エネルギーを高めることのできる人材が必要です。

多くの原因は、食生活そして過労や寝不足など様々にありますが、そこに気がつき、そして、さらには心を整え安らかな心と健やかな身体を獲得すること。そして、幸福を感じながら自らの霊性を高めるような生活をすることこそが大切なのです。

◎「症状を追ってはいけない」という言葉

偉大なるカイロプラクター。B・J・パーマーは、「症状を追ってはいけない」という言葉を残しています。この言葉は、より良い治療を志す人、本当の健康の理解をしたい方であれば、しっかりと肝に銘じておくことです。

なぜなら、人間の身体は体調が低下している時、健康状態が悪くなっている時に、症状が現れます。日常生活の中で肉体的なストレスや精神的なストレスの負担が溜まってきて、生命エネルギーを、十分身体に供給できなくなってくることにより様々な症状が現れてきているのです。このような身体の状態が悪くなってきた時に、症状が現れてくるというのは誰もが知るところです。

しかしながら、適切な治療を受けて生命エネルギーがたくさん流れ始め、身体が治り始めている時も症状が現れるということを知っておくことが必要です。

自然治癒力を発揮させるような、適切な良い治療をした時には症状が現れるのです。身体が健康に向かい始めることで、身体の問題のあった部分が治り始めた時に、血行が良くなり、細胞が活性化し、炎症状態が起こるのです。それは、関節の痛みであったり、だるさであったり、眠気であったり、様々な形で起こります。時には、風邪引きのような症状が出ます。風邪引きは風邪のウイルスをやっつけるために身体が体温を高くしているわけですが、人間の身体には様々な微生物が住んでいると言います。その中には身体にとって望ましくない負のエネルギーの病原菌、悪玉菌というような物も住んでいますので、風邪引きではなくても、身体の中にある自分にとってふさわしくない病原菌を、生命力が高まったことによって浄化作用としての風邪引きの症状、すなわち、発熱、咳、節節の痛みなどが現れるのです。

このように、症状が強くなったり、風邪の症状が現れてるからといって、それは悪くなっているのではないのです。

身体が、内からの力、自然治癒力が働く事で本質的な治癒活動を始めているのです。それを理解することなく、症状が出ているからと言って症状を取ろうとした対応、施術、トリートメントをしてしまうことは、身体にとって負担になってしまいます。ですから、現れてきた症状を施術の判断材料にするのではなく、適切な身体の反応を読み取れるテクニックも必要となってきます。私も、未熟だった時には、症状が現れた時には、それが、悪化なのか、好転反応なのか迷って悩んだものです。

カイロプラクティックでは、背骨の歪みだけでなく、身体の状態を把握する時に左右の足の長さが揃っているかどうかを見る方法があります。他にも様々な筋力を利用した検査方法がありま す。

治療家は、そういう健康に向かっているかどうかの検査方法を修得することが、より良い治療をするために知っておきたいものだと言えます

真癒では、スパイラル・リーディンクによって適切な健康レベルの判断ができます。

◎真癒ヒーリングを受けても効果が……

真癒ヒーリングを受けて頂ければ、ご期待以上の効果があらわれてお喜び頂けます。私のアドバイス、指導に則って受けていただければ、ほとんどの場合は健康へと着実に改善していただけます。

しかしながら、ヒーリングを受けても、時には物足りなさも感じていらっしゃるのではないかと思います。何しろ痛みのある部分や気になる部分に触ることなく、手足と首の身体全体の歪みを確認してから、ほんの短時間のヒーリングをするだけ。そして、しばらくの休憩。身体への物理的な働きかけは本当に少ないですから。

もちろん敏感な方はヒーリングを受けて、すぐに身体がとても楽になって満足してくださったり、身体が熱くなったり、大きなエネルギーを感じて、素直にこれからの大きな期待をお持ちいただけた方もいます。しかしながら、患部を触ることなく、症状のある所を詳しく調べるわけでもなくて、効果を感じれなければ、きっと物足りなく感じることと思います。こんなので治るのだろうかと思うでしょう。

しかし、人間の身体というものは、本来、自分自身の力によって治す力を持っているのです。それは、こうして、生まれてこの方、生存して生きている力を持っていることが、その「証」です。このことを深く理解することです。

自分自身の生命力――このことを噛み締めて考えてみてください。

私達は、この世に小さな身体で生まれてきました、そして、長い年月をかけて、着実に、どんどん身体が大きくなり成長してきました。そして多くの体験をし、知識も得てきました。そのように、人間というのは生まれ、成長し、そして長い年月を生きていくことができます。この生きていく力、生命力こそ、病気になっても回復する為の本質的な原動力となるものです。

この自分自身の力を理解することなく、薬という化学物質や、漢方薬、健康食品についつい目を向けすぎているのが現代社会です。もちろん、それらの薬や健康食品なども、一つの身体を整える方法です。現実にある程度の変化を生み出しますが、健康へと真実の変化をいざなうのは自分自身の生命力なのです。自分自身の生命力こそ、本当の生き生きとした健康を獲得する力となります。

真癒ヒーリングは、症状を取ろうとするものではありません。身体の奥にある自分自身の素晴らしい力、生命力を高めることを主な目的としてしています。身体が、少しポカポカしたり、手足が温かくなったりしたということがあれば、それは小さな変化だと思われるかもしれませんが、それこそが、本質的にあなた自身の「命」が病気を治し始めた証に他なりません。そして、眠りが深くなり、身体が軽くなり、気がつけば症状は綺麗に消え去ってしまいます。

骨折した骨がくっつくように、怪我をした傷口が閉じていくように、頭脳が明晰になり、神経の流れがスムースになり、内臓の働きも活発になり、本質的に健康体へと治ろうとする働きが行われるのです。時には、ヒーリングを受けてから効果がないと思っていて、数週間経ってから効果に気づくこともあります。

ヒーリングを受けてからの身体の変化を、ぜひしっかりと観察して下さい。自分自身の内に眠っている素晴らしい力に目を向けて、その素晴らしさを理解していただけたら、何よりも嬉しく思います。

◎症状別の理解

【頭痛】

頭の問題というのは、原因療法にとって、とても適応しやすい症状と言えます。いつも頭痛薬が手放せないとか、色々な治療をしたが改善しなかったという場合でも、簡単に治ることが多いのです。ただし、器質的な病変となっている場合には、そう簡単ではありません。時間が必要です。無責任な安請け合いはできませんので、やはり、検査をして特別な問題がない方が、私もヒーリングを安心して行えます。

脳梗塞などで細胞が損傷を受けていた場合には、そこに対応する部位の症状はなかなか取れないようです。しかし、検査をして、脳の血流が随分と回復していると言って担当医の先生から薬の必要性がなくなったという指導を受け、喜ばれることもありました。それなりに細胞がダメージを受けていれば、細胞を整えるだけの期間が必要となるからです。頭部の症状というのは、ヒーリングがよく働きます。なぜなら、ヒーリングというのは脳幹の力が発揮することにより生体エネルギーが身体を整えるように働くからです。頭部ということは、当然ながら脳幹に近くて、エネルギーが流れやすいわけです。そういうことで、様々な頭の中の機能的問題も解決していくわけです。

【腰痛】

腰痛で来られる方はとても多く、ほとんどの場合、改善して喜ばれています。

ほんの数回で症状が改善しはじめることが多いものです。基本的には腰痛は骨盤の歪みが、原因です。とはいえ、一言で腰痛と言っても、程度の差が大きくありますから、どの程度で治るかの予測は難しいです。三十歳代までであれば根が深くありませんが、四十歳も越えてくると、内臓疲労からの腰痛が始まります。さらに六十歳にもなってくると骨格の変形を伴っています。それから、骨が脆くなっている人もいます。と言うことで腰痛と一言で言っても、その状況は実は多様になってきます。そういうことも勘案しなければなりません。対症療法であれば症状を楽にしても、関節の変形や内臓疲労も取りきれませんが、原因療法であれば、自然治癒力により、そのような問題にもご自身の治癒力が適切に対応し治癒やしくれますから価値があります。

【膝痛】

膝の痛みというのも、骨盤の歪みから発生するものです。

一般的には膝の痛みは膝を治そうとして、湿布をしたり固定をしたり電気を当てたりしていますが、それはあまり効果をあげることはできません。なぜならば、骨盤が歪むことにより、歩くたびに膝の関節に負荷がかかってしまうからです。外側を向いた足が捻られながら歩くことになるので、そのために膝に大きな負担となっています。骨盤の歪みが正されれば膝に捻れるという負担がなくなり、膝の関節はどんどん回復していくものです。そうなれば膝に水が溜まっていても自然と体内に吸収されていきます。膝の関節が変形している人が曲がって伸びなくなっているのがまっすぐになり、「こんなこともあるのか」と驚くこともよくあるほどです。

【肩こり】

肩こりというのは、肩を揉んでも解決はしません。

なぜなら頭の傾きを肩の筋肉によって倒れることを防ぐために引っ張っていることが原因だからです。要するに、肩こりによって頭の傾きを治そうとしている生体としての防御反応ですから、肩こりを取ろうとするよりも、頭をしっかりと支えられるだけの平衡感覚が実は必要なわけです。その平衡感覚を司るのは、おそらく小脳、あるいは耳の中の平衡感覚機能です。そういう本来の頭のバランスを取れる機能が回復することが本当は大切なのです。何事も現れている症状をよりも、その症状が現れている機序というのを考えることなのです。それが対症療法的に身体の症状を悪と見すぎているところがあるわけです、そうではなく、生体エネルギーが整うことによりきちんと頭を正中線に維持できることになり、症状の改善が見られるようになります。肩こりは簡単に消えることが多く、また一度治れば再発も少ないくらいです。

【内臓疾患全般】

内臓全体という一括りでお話ししますが、結局のところ、内臓を働かすエネルギーが十分にあるかどうかです。人間の身体というのは自己修復能力があるわけですから、その部分を外的影響力によって治そうとするよりも、本人のエネルギーさえ十分にあれば、きちんと機能は改善していくのです。そのためには、生体エネルギーが流れること、背骨の歪みがなくなることが重要で、それが内臓機能の回復を促すのです。薬で一時的な数値を整えることも時によっては有効ではありますが、本来大事なことは、生体エネルギーがきちんと内臓に流れることです。

各臓器に生体エネルギーが流れることによって、内臓は本来の働きを発揮します。そして自己修復もきちんとできるようになります。そこが人間の身体の素晴らしさなのです。

【花粉症】

花粉症も、やはり薬で治す、症状を抑える、という方法もあります。しかしながら原因療法を行うことにより免疫力を上げるという手段があります。花粉症になる方は末梢血管の血流が悪くなっている場合が多いようです。ヒーリングを受けると末梢血管の血流がとても良くなります。それは手足が温かくなることや、末梢血管の血流の改善を機械によって確認しています。そういう末梢血管血流の改善と共に花粉症は改善しています。そういう方は添加物や甘いものをたくさん食べている方が多いのです。そうすると末梢血管の代謝が悪くなり、そこにもってきて花粉が来ることで、いよいよ新陳代謝を行うことができなくなり、鼻水やくしゃみや咳という形で症状を出して、身体を守っているのです。やはり食べ物に気をつけることが実は大きいようです。そして、ほとんどの花粉症の方がヒーリングで改善しています。

【インフルエンザ・風邪】

現在ではインフルエンザと風邪を別々のものと考えているようですが、本来インフルエンザも風邪と同じウイルスであるという認識でよいと思います。確かにインフルエンザの症状は風邪よりも強いのですが、ほとんどの場合、休息を取ることで回復します。最も死亡者も大勢いますので脅威を感じるかもしれませんが、実は高齢者の方が、ある意味、老衰の一つの表れとして、ウイルスへの抵抗力がなくなったことの結果と考えることもできるのではないでしょうか。

今までに風邪を引きやすいという方が大勢見えられました。

「私は、年がら年中風邪を引いてるようなのだけども、今年は家族が風邪を引いても私は風邪を引かなかった」とおっしゃったご婦人がいました。昔、肺炎になったことで、とても身体に自信がなかったのが真癒ヒーリングを続けることで不安感がなくなったとも言うのです。インフルエンザの流行（はや）った季節でも全く恐怖を抱かなくなったというのです。

そういう自分自身の感覚というものは大事です。現代人は、とかく情報過多のために頭で物事を判断しますが、あまり情報を過信してもいけません。免疫力を高めるという自分自身の意識づけが大事なのです。マスクをしたり手洗いをしたりするのもいいですが、それ以上に、日頃の寝不足があれば睡眠を十分取ったり、甘い物を控え、食べ物を整えるなどで本来の健康体となります。免疫力を上げる方向にこそ目を向けて欲しいと思います。

とにかく健康レベルを上げる。生体エネルギーの流れが高まることで、風邪やインフルエンザにかかりづらくなり、かかっても、症状は軽く済み回復するのです。

【出産】

産婦人科医師の方が、今までにお二人体験に来てくださいました。

それは当院で出産した方が、とても安産であったり、不妊症が治ったということで、どのような治療をしているのか、ご確認にお越しになってくださったそうです。

生体エネルギーが高まるということは、母体が健康になるわけですから、自然に出産も安産になります。さらには不妊症の方でも妊娠が出来る力を持った母体となります。

近頃、不妊の方が多いようですが、それは、それだけ現代人が不健康になってるということなのです。現代社会は、添加物や不自然な食べ物が増えているうえに、さらに甘いものをたくさん食べるようになっているからです。

そんなこともあって、実は健康度がかなり落ちているのです。健康度の低下が新しい命を育むだけの底力を保てなくなっているのです。当然、母体に力がなければ新しい命を生み出すことはできません。生理の出血が多かったり、生理痛が強いということは、婦人科系の機能が乱れていることを物語っているわけです。しかしながら、生体エネルギーが高まれば、身体の機能は整い生理痛が改善し生理の周期なども整ってきます。婦人科系の力が整うことで妊娠するだけの力がよみがえるわけです。

さらにはそういう母体であれば、出産も楽に迎えることができます。実際に、今まで多くの方がとても安産だったといいます。不妊症の方が子供を授かったという事例も多くあります。そして、さらに嬉しいことは、元気であり性格の良いお子様が生まれることが多いようです。当然、健康体のお母さんであれば体内にいるときの環境も良くよりすくすくと育つからだと私は考えています。妊娠してから来られた方は、つわりが楽になったり、逆子が治っています。

【精神的安定】

ヒーリングを行うと脳幹が活性化し右脳と左脳のバランス、あるいは自律神経の働きも整ってくるせいでしょう。うつの方でも不眠の方でも安定してくるものです。もちろん、精神病のあまりにひどい場合にはなかなか効果は現れません。それは、精神的な病状は慢性病的な傾向があるからです。真癒ヒーリングでは精神的な安定を獲得できることが多く見られています。自律神経や左右の脳のバランスが整うのですから、心の方も安定してくるのです。特に真癒ヒーラーになった人からは心の安定を得たというコメントを多く頂いています。

◎症状と臨床例

【舌癌の手術後の回復：男性七十歳代】

きちんとした挨拶をしてくださるのが印象的な紳士で、身体は中肉中背で、がっしりとした方です。奥様のご紹介で来院されました。私はこの舌癌の対応は初めてだったのですが、きっと楽になっていただけると思っていました。頭の近い部位というのは脳幹が近く、人間にとって大事な部分であり、それだけに治そうとする修復力も旺盛な部分だからです。

唾液が出ないために食事が困難であり、また唇の周りの筋肉の動きも不調であったのが、着実に回復してきました。

一回目のヒーリングを終えた日の夜、奥様に今まで、よくしてくれたと感謝を述べられたそうです。奥様はとても嬉しく、驚いたということでした。また、朝までぐっすり寝れて、唾も少し出るようになったそうです。数回のヒーリングをした時に、唾液が安定して少しずつ多く出始めた段階で、私は、もう大丈夫だろうと確信を深めたものです。しかし、その頃、担当医の方からは再手術を勧められていました。が、ご本人は、もう手術は絶対に嫌だということでした。

「もしも、必要な手術であれば受けるべきですし、今はヒーリングを受けているので、今回は、苦痛はかなり少ないと思います。担当医の方の勧めであれば手術を考えられてはいかがですか」

と、私はお話しさせていただきましたが、ご本人は何も返事をされませんでした。やはりご本人の意思は固く、家に帰られて奥様には、「死んでも手術は受けたくない」とお話になられたそうです。よほど苦痛の大きな手術体験だったのでしょう。

一ヶ月もした頃には、飲み物をゴクゴク飲めるようになっていました。しばらくして、あるヒーリングを受けた日、「今日はこれから友人と会食するんです」とおっしゃいました。「では、ビールぐらい軽く飲まれてもいいのではないですか」とお伝えすると、「えっ、ビール飲んでいいんですか」と、とても嬉しそうな表情をされて驚かれていたのが印象に残っています。

今は、毎日、晩酌のアルコールも楽しみ、食事を何でも食べて、普通に生活できるように回復され、近所の人からも驚かれているそうです。

なお奥様は、ご主人の病院の同室の同じ病気の仲良くなった方に、「ヒーリングをおすすめしても信じてもらえないのですよ。今ではもう自分で食事ができなくて胃瘻をされているのに」と残念がっておられました。

【重症筋無力症：女性五十歳代】

目が大きくて背が高く長い髪が似合う方です。

お友達の紹介で、仕事を終えた後、夕方にお見えになりました。

筋力が低下していて、頭がぐらぐらして支えているのも大変で、首に強い痛みもあるということでした。腰が痛い、物が二重に見える、左半身が重く突っ張り感がある、など様々な症状がありました。が、はじめの頃から、とても顕著な身体の変化が現れ、着実に元気になられました。初めてのヒーリングを終えて、「喉の捻れている感じの違和感がすごく楽になった」と喜ばれて帰る時に、ご自身の靴を履くために下を向いた時に「あ、下が向ける」と大きな喜びの声をあげられたことが懐かしく思い出されます。不眠だったのが、ヒーリングの後、翌日からすごい眠気に襲われたそうです。よくなる前には、深い睡眠を必要とする方が多いのです。また、前述の通り、目が大きな方ですが、瞼が腫れあがり下がっていたのが、毎回、しっかりと開くようになりました。一時的には、強いめまいが出たり様々な症状の変化を経験しながら、どんどん改善されて元気になられました。好転反応もよく現れました。

私はその変化に、この方は実は重症筋無力症ということだけども、何よりも頚椎一番に大きな歪みもあったのだろうと考えています。

【脳の難病と思われる方：男性五十歳代】

ガッチリとした体型でとても実直そうな感じの方です。初めて来られた時には、発音がたどたどしく杖を使って、本当に歩く度にバランスを取るために力が入って、ロボットのように踏ん張って歩いておられました。七年前にメニエールの診断だったそうです。なんと、ある鍼灸院に毎週二回、四ケ月も通い続けたものの余計に不調になり、杖が必要になったと言います。

これには二つのことが考えられます。それは、ご本人のいうように鍼灸治療の刺激が強すぎたのかもしれません。あるいは、その頃に仕事のストレスが大きくて病状が進行したのかもしれません。病気が進行するときには、なかなか原因に目を向けませんが、やはり何が原因だったかよく考えることが大切です。チェック項目としては、食生活、睡眠時間、感情、仕事のストレス、転倒、打撲、医療の副作用などです。その後は、整骨院に毎週三回、二年間通っているということでした。行くと一日だけは楽になるものの、一向に良くならないので、友人の紹介で真癒に来たということでした。

歩くときのバランス感覚が低下しているためか、体中に力がとても入っていました。精神的に非常に頑張って力んでいることを感じさました。それが、徐々に徐々にバランス感覚が良くなり、力を抜いても歩けるようになりました。それとともに、精神的にも穏やかさが出てきて、素敵な笑顔が増えてきました。ニコッとされた表情がどんどん魅力的になってきました。そのために人から話しかけられたり親切にされるようになったと楽しそうに話して下さいました。

さて、表題の脳の難病と思われるというのは、医師の診断では小脳変性症とは出ていなかったのですが、ちょうど、その頃、女性で七十歳代の方が、小脳変性症でこられていました。この方も、少しずつ着実に改善していたのですが、遠方からだったので、残念ながら続けて受けていただけませんでした。このような病気は、組織変性が起こっているので回復には期間と根気が必要となります。脳の難病と思われるこの方も、同じ症状でした。そこで、「一度検査を受けるのも必要かもしれないですよ」と提案しました。すると、お父様が小脳変性症だったということで、自分自身も同じ症状で進行していることに驚かれ、検査はしないということになりました。

私は病気を治すという立場ではありません。あくまでも生体エネルギーを流し、健康レベルを上げていくだけです。しかし、重篤な症状の場合は、責任問題にもなりかねませんし、医療機関での検査を受けることをお進めしています。しかし、どうしてもご本人は頑なに拒否されました。ところがです。ヒーリングを受けるたびに「足がとても重い、足がすごく重い」と言うわけです。そのうえ身体のだるさを訴えました。それはどうしてなのかと言うと、それは神経が回復することによって脚の重さを感じるケースなのです。事実、徐々に徐々に歩きは楽になり、だんだんと力んだ雰囲気もなくなり、柔らかい雰囲気に変わって行かれました。途中、目の見え方がおかしくなったと言うのですが、調べてみると、それは視力が回復してきたからでした。

これらの変化は、全身の筋力が回復している証です。さらに良いことに、発音がしづらそうだった言葉が滑らかになってこられました。どこに行っても改善しなかったのが、真癒に来られて着実に改善したことにお喜びいただき、趣味が音楽鑑賞ということで、時々、素晴らしい名曲のCDをプレゼントして下さいました。そのCDは私の愛車のCDチェンジャーにセットしていて、ドライブの時に楽しませていただいています。この方は転勤されたために、今ではたまにしかお越しになりませんが、間隔が空いていても、安定度を増していました。

【食道がんの後の後遺症：女性四十歳代】

とても清楚な感じの方です。が、最初はとても疲れた様子でお越しになられました。

約一年前に食道癌になって手術を受けて三分の一の切除をしたそうです。手術は成功したのですが、食事をして三十分ほどすると、手術をした部分あたりに焼けるような強い痛みが出るようになったそうです。それだけに食事を十分摂ることができず、体重も減少しているとのことでした。

さて、初回のヒーリング後の二回目、胸のつまり感も楽な感じがするとのことでしたが、それよりも十二、三年前からあった疲労感が半分になったと喜ばれていました。食欲も出てきて、数回受けた時には、お気に入りの中華レストランで久しぶりに食べ過ぎたせいで、少し不調だけども、過食できるほど食べられるようになった、と喜びの報告をして下さいました。

ただし食後の痛みはなくなりつつも、食事のときに胸につっかえを感じる症状が現れた時がしばらくあったそうです。きっと食道の筋肉が適応する変化が起こっていたのです。また、舌の痺れもあったそうですが、徐々に改善していきました。そうしながら体重も増えて、表情もすっきりとなり、元気になられてどんどんと明るい雰囲気になりました。三ヶ月近く経ちヒーリングを十回ほど受けてからの定期検診の胃カメラの検査では、胃の荒れが前回の半分くらいに改善していたと言うことでした。また、以前は、足のむくみが酷くて着圧ソックスを履いていないと足がむくんで辛いと言うことでした。私は、締め付けは身体にとってストレスなので、そのソックスは使わないようにアドバイスをしたのですが、使わないと不安だと言うことでした。ある時に勇気を出されたのでしょう。東京まで旅行の時に使わずに行ったのに、新幹線でも大丈夫で、東京の街を今まで以上に歩いて楽しむことができたそうです。

手術の後に行うヒーリングというのは、手術によって生じた身体の負担の回復を速やかにするものであり、医療と連携することで、どれほど患者にメリットがあるかと常々感じるものです。

【反抗期：中学生の男の子】

中学生の男の子の反抗がすごいということで遠隔依頼がありました。

二人兄弟で、三つ下の弟にプロレスごっこを仕掛けて大変だと言うことでした。遠隔ヒーリングを続けていくうちに、一月ほどした頃、「学校の成績が良くなったのは関係ありますか」と質問されました。「これは体調が良くなることで集中力が高まったからだと考えられます。体調が良ければじっと座っていることも出来ますし、それだけに先生の話もしっかりと聞くことができるのです」とお答えしました。もう一つの変化です。これまでは少し注意をしただけで口答えするのが常だったのですが、「うん、わかった」とあまりに素直に答えるようになり、驚いたそうです。そのようにして、だんだんと反抗的な態度や暴言がどんどんと少なくなったそうです。お母さんの言葉で表現すると、「暴言が千分の一になった」そうです。体調が整い、精神的にも安定してきたのです。

第七章　真癒ヒーラー講座のすすめ

◎真癒ヒーラー——手足の左右差が消えたら幸福度が上がった！

私は、真癒ヒーラー養成講座を行っています。そのホームページに、「ヒーラーレベルは幸福レベル」と言うタイトルを掲げています。

真癒ヒーラー養成講座を始めたときは、純粋にヒーラーの養成を考えていたのですが、そのヒーラーが生まれ、育ち、背骨の歪みがなくなり左右の長さが揃い、私が真癒ヒーラーと認定した方から、精神的変化を聞かせていただくようになりました。

「先生、なんかこの頃、感謝の気持ちが深くなってきました」

「なんとなく人間関係が楽になってきました」

「不安感がなくなって、心が穏やかになってきました」

男性の方からは、こんな言葉を聞きました。

「自動車を運転していても横から乱暴な運転で入って来られた場合などでも、精神的にストレスになりません」

「渋滞があっても、急ぐ気持ちも起きず、怒りもなく穏やかな気持ちで運転できます」

そこで私は自分自身が、ただ街を歩いている時に、心の中に喜びが溢れてくる体験をしたことを重ね合わせたのです。

そこから導き出された推測は、ヒーラーレベルが高まるにつれて、脳の働きが整い、思考が安定して幸福度が上がってくる、ということなのです。

手足の長さが揃えば、当然、背骨もまっすぐになります。そうなると、脳からの神経電流もきれいに流れるようになるわけですから、内臓の働きも整います。そうするとストレスにも強い身体となり、心地よい感覚が芽生えてくるのです。当初は、ヒーラー講座を受けていただいて、安全で深いヒーリングができるようになってくだされぱいいなあと思ったのです。が、それどころか本人の健康レベルが着実に上がるとともに、さらには幸福度さえ上がると言うことが起こったのです。とても嬉しい予期もしていなかったほどの素晴らしい出来事が起こったのです。

人間の身体は、脳と臓器や筋肉は相関関係になります。植物の根っこと、枝葉が相関関係にあるのと同じことです。これからは徐々に肉体レベルの問題ではなく、精神レベルのことまで踏み込んで研究する時期がやってきたことを感じました。

◎女性が美しくなる

真癒スクールに入っている方は、どちらかというと女性の方が多いのです。男性の医師の方、治療家の方もいらっしゃいますが、ヒーリングを興味を持ってくださるのは、女性の方が多いようです。男性は仕事があってそちらの方にエネルギーが取られますので、なかなかヒーリングを習得しようという気持ちになれないからだと思います。

私の真癒サロンに来られるのも女性が多いからかもしれません。さて、そんな中で、ヒーラーレベルが上がると、女性の皆さんが本当に美しくなってくるのです。もちろんヒーリングを受けると元気そうで肌ツヤも良くなってきます。肌ツヤが良くなるということは綺麗になるわけですが、肌の皮脂の状態がよく化粧ノリが良くなるということもあると思います。しかし、それだけでなく、会った時に雰囲気が明るく華やかさが増してくるのです。これはヒーラーでなくても同様です。私の治療室のドアを開けて入ってきた瞬間、体調の悪い方はやはり何となく空気感が暗く、例え美しい方であっても、それだけに魅力があまり発揮されていません。

しかし真癒のヒーラーレベルが上がってくると、身体が整って姿勢もよくなります。そして精神的に明るくなったせいなのでしょうか。空気感が明るくなります。そして目の輝きが増して、なんとなく内側から輝いてるように見えるのです。これは私のみならず多くの方がおっしゃることです。

顔形の造作も多少変わります。それは、まず顎の位置が真ん中に来たり、左右の筋肉のバランスが整ってくるからです。そして左右の目の大きさが揃ってきます。現実にヒーリングを受けると、多くの方が治療直後に表情の変化を感じるものです。

それにしても、本当に顔の中から輝くような感じがすることに私は驚いている次第です。

男性はきっと落ち着きとか信頼感をかもし出せるようになっているのかと思いますが、今のところ、なぜかそちらは私も統計が取れていません。これから、男性陣の雰囲気の変化に目を向けてお伝えできればと思っています。

◎ウィーンからの音楽家

毎年、春に楽しみにしている行事があります。それは、いつも桜の開花とともにやってきます。ウィーンからの三十人ほどの音楽家が大阪に来て素晴らしい演奏会をしてくれることです。ウィーンフィルハーモニー管弦楽団のコンサートマスターを芸術監督として、ウィーン国立歌劇場、ウィーン・フィルのメンバーを中心にして、ヨーロッパで活躍するアーティスト仲間たちも加わった三十名で編成されている「世界トップレベルの演奏家が集結した室内オーケストラによるコンサート」と銘打って、自動車メーカーが社会貢献活動の一環として、東京、大阪、名古屋、札幌、仙台、福岡など全国各地で行われるものです。

そのコンサートよりも、実は私は、昔から親しくしていてこの音楽家の通訳をしている、みゆきさんに会うのを楽しみにしています。今は大学のピアノの先生をされているのですが、若い頃は一流ブランドのファッションモデルなどで活躍されていたそうで、背が高くてとても美しい方です。何より人柄も気さくでお話も楽しい方で、様々なことで価値観も近く、気が合うのです。妹のような感じです。

「遠方より友来る、嬉しからずや」と言う気持ちです。このコンサートの通訳としていつもお越しになるので、コンサート後にお会いすることがよくあります。会って食事をしながら、近況を語り合います。

十年ほど前にコンサートのメンバー女性が体調を崩し、ヒーリングをさせて頂いたことがあります。その方は、治療効果を感じてとても喜んでくれました。その方は、「ウィーンのバラ」というほどの異名を持つ著名な女性ヴァイオリニストでした。

ある時、この方も含め三人で、コンサート後にホテルのロビーで待ち合わせて食事に行ったことがあります。その時にはウィーンの男性音楽家から、「君は、二人の美女と一緒に食事に行くのか」と羨ましがられました。懐かしい思い出です。

さて、こんなふうに毎年コンサートを終えて食事をしました。

その後はホテルのバーにいくのがパターンになってきました。昨年、続々と音楽家の皆さんがバーにやってきました。みゆきさんは私のことを音楽家の皆さんに紹介してくれました。

私がヒーラーであることを話すと、一人の女性奏者が不眠で困っているとのことでした。そこで早速、バーの椅子に腰をかけてもらって、ディクシャをすることにしました。ディクシャとはインドで聖者が行うヒーリング方法です。両手の手のひらを合わせてお椀を作って、そのお椀の中に宇宙のエネルギーを貯めるように意識します。そして、そのエネルギーを頭の上から注ぎ込むのです。そのディクシャ・ヒーリングを女性奏者にしました。

「身体が何か包まれたような感じになって、とても温かくなり気持ち良くなった」と大きな目をさらに大きくして驚かれ、喜ばれました。そして、ていねいに感謝の言葉をくれました。

翌日、みゆきさんからメッセージがありました。女性奏者の方が、その夜は、ぐっすりと気持ち良く寝れたと喜んで、「あの人は凄い人だねえ」と随分と褒めてくださったと言います。いつか、こう言うご縁から、またヨーロッパの人にヒーリングをさせていただければと思っています。

今では、遠隔ヒーリングもどんどんレベルが上がってきているので、遠くに住んでいる世界中の方のお役に立てればと思っている次第です。

◎茶室とは瞑想

ある哲学者の本を読んでいると、私の興味を引きつけることが書かれてました。

「禅は、インドで生まれ、中国で育まれて、日本で花を咲かせた。

日本という土壌が、禅を、より高いものへと開花させたのである。

禅は日本で花開き、ただ、茶を飲むことさえも禅となった」

この言葉に出会って、俄然、私の心に茶道への興味が湧き上がりました。

茶道というと千利休が有名ですが、村田珠光(じゅこう)（一四二三〜一五〇二）という人が茶道の祖です。

珠光は、奈良で生まれて、放浪の後、商人として財をなし、侘び茶を完成したと言います。それまでは書院広間で行われていたのを草庵の四畳半の部屋で行い、茶道の道具も中国風で華やかなものだったのを、素朴な自然の風合いを重んじた和風のものにしたのです。禅を大徳寺の一休宗純から学んだことで、茶と禅が一体となり、茶禅一味の境地に至ったと言われます。私にとって、瞑想、座禅は、生活の一部、いや、もっと大切な時間ですので、この茶を飲むことさえも〝禅〟となったという言葉は胸に刺さったのです。

さて、京都の衣笠に、ある邸宅があります。和幸庵と言います。衣笠というところは京都の北西に位置しています。金閣寺や瀧安寺、妙心寺まで歩いて行けるという魅力もある立地であり、一軒一軒に庭があるようなゆったりとした敷地を持つ閑静な住宅街です。その住宅街の風景に溶け込むような、格子戸の門がある落ち着いた佇まいの純和風の木造二階建ての建物です。庭には大きな松の木があり、石灯籠があり、手入れの行き届いた庭は苔で覆われています。

和幸庵では、御能や茶道、カタカムナなどの教室が開催されているのですが、京都ＥＭ・ＬＯＶＥの吉彌さんのご紹介で、オーナーの方が梅田の真癒までヒーリングに来られました。真癒ヒーリングを受けられ、その効果を高く評価してくださるという縁があって、時折、出張でヒーリングに伺うようになりました。そんな時に、前述の、「ただお茶を飲むことさえも禅となった」という言葉に惹かれたので、茶道の稽古をさせていただくことにしました。私は、茶道を学び、そのお茶を点てる時を、静寂を楽しむ瞑想の時間に、禅の時間としたいと思ったのです。その茶道の時間を、真癒の仲間と共有することができたら、どんなに素晴らしいだろうと楽しみにしています。

初めて、茶室に入って床の間を見たときに、床にかけている掛け軸に見入りました。掛け軸

には「茶禅一味」という書がしたためられていました。まさに私の求めていたことが見事に言葉になって目の前に掛かっていたのです。

今は、朝の出社前に、時々、茶道を自宅で楽しんでいますが、ゆっくりした動作をする時に、なんとも言えない自分自身の内との交流を味わっています。なんとなくですが、前世ではかなり茶道をやっていたのではないかという感覚が出てくる程です。とは言え私は、物覚えの悪いタチでなかなか割り稽古も覚えられなくて、「先生にはご迷惑をおかけするなあ」と思いながらも少しずつ覚えていきました。それにしても、無駄のない所作を追求した洗練された茶道に、私は少し堅苦しさも感じながらも、親切な和順先生のご指導で楽しく稽古を続けました。

◎茶室での出来事

ある日のことです。

海外からの泊まり込みで茶道を習いに生徒さんが来られたり、急に生徒さんが増えた時があり、先生がとてもお疲れのことがありました。先生は、気力の強い方ですので、ぱっと見た感じはいつも通りの所作をなさっているのですが、私はヒーラーという仕事柄、そういう動作の小さな違いがあると気になるし、違いがよくわかります。私の感じたことが間違いでないことが明白になのは、正座をすると背中が後ろのほうに傾くように丸くなって座っておられたことです。そこで稽古をしながらも、先生には黙ってでもヒーリングをさせていただこうかとも迷うほどでしたが、ご依頼もいただいていないのに勝手に治してしまうのもいかがなものかと考えて控えていました。

稽古の合間になって声をおかけました。

「先生、かなりお疲れですね」

「そんなでもないけどねえ」

「いや、先生だいぶお忙しかったのでお疲れの様子ですよ。気力でカバーされていらっしゃいますけども……」

「うーん、そうかあ、確かに忙しかったからねえ」

そんな会話をして、また稽古に戻りました。

そんな中、稽古を続けていくうちに徐々に先生はお元気になり、稽古を終わった頃には、なんとも、先生の姿勢はシャキッとなっていて、顔の艶もよくなり元気そうになっています。ヒーラーの私がいる部屋ですので、部屋の波動が高まり、それにより治ったのです。また、私が点てたお茶をお飲みになったこともヒーリングになったのでしょう。

それにしても、ヒーリングをしなくてもこれほどまで、二時間の間に回復したのには私も驚きました。私の近くにいるだけで身体が楽になるという方は、今までも何人も確認はしていましたが、この時の変化のそれは見事な物だったからなのです。

「さっきまで膝が痛かったんだけども、膝も楽になりましたなあ。先生がいると、それだけでも本当に効くんだねえ」という言葉とともに、にこやかな表情も取り返していていました。

この稽古の何回か前に、こういうことがありました。

「荒尾先生は動作が少し早過ぎるねえ。性格も少しせっかちなのかな」と笑顔で、鋭いご指摘をいただいたのです。確かに、私はじっとしていられない性格で、何かしていないと気がすまない方なのです。が、実は、茶道での所作は、うまくできる自信はありました。

「先生、おっしゃる通りです。私はせっかちなんですが、動作は大丈夫です。何しろ、太極拳をしていますから、ゆっくりする動作はお手の物です。だから、手順を覚えたら、いつでも落ち着いた振る舞いはできます」と答えていたのですが、このときにはすでに、覚えているお手前の動作をするときには、心を落ち着けて半眼にして瞑想状態に持っていっていたのも効果が出てしまった要因かもしれません。

禅が日本に渡り、「ただお茶を飲むことさえも禅となった」という言葉をご紹介しましたが、それと共に、真癒ヒーラーは「ただ、そこにいるだけで癒やしを行うこととなる」のです。

◎ヒーラー講座の声

【真癒と巡り会って――新毛由紀さん】

真癒に通い出して、もうすぐ丸三年になります。一年目は治療に。二年目は受付担当と真癒スクールでの勉強、そして治療に。三年目は治療者として。

クライアントとして通っていた頃は、まさか、自分が治療する側になるとは考えもしませんでした。何箇所もの整形外科・整骨院・整体院・鍼・灸を巡り、こちらに辿り着いた時には酷い腰痛に襲われてから既に二年近く経っていました。

最初のヒーリングを受けた時には、吃驚しました。「えっ！ 今何もしていない、これが治療？これで治るの？」その時の私の正直な気持ちです。でも、ある朝のことです。起き上がると身体の重心が随分と変わっていて、自分が前後左右に大きな歪みがあったことに気づいたのです。このことで、この治療法を信じる決心が出来たのです。

通い出してしばらくは、眠くて眠くて仕方がありませんでした。夜の八時前になると勝手に瞼が閉じてそのまま朝まで。大体五時頃に目覚めていたでしょうか。院長にお尋ねしたところ、「良い睡眠が身体を回復させる」とのお返事で、ああ、これも治療のおかげなのだと気付きました。

そうして、すっかり腰も丈夫になっていきました。治療効果でダイエットもせずに体重が減りました。当然のことのように、お肌も綺麗になりました。

その後、自分自身の健康のために真癒ヒーリングを学ぶ決意をしたのです。これから年々歳々、歳をとるとあちこち故障・痛みが出る事等考えると、自分で自分を治せればという利己的な思いからのヒーラーへの出発でした。院長からは「誰でも出来る、人と比べないことが大切」と言われて、その言葉を頼りになんとか続けられました。

この治療法は愛が中心、最初は利己的でも良いが、最終的には自分以外の人の為に出来るようにということも自然に気付かせて頂きました。まだ真癒ヒーラーとして認定をいただく前ではありましたが、院長からは「そこそこ治せてますよ」と言われとても励みになりました。友人に遠隔ヒーリングをさせて頂いたこともありましたが、本当に効果があるようで驚きました。

真癒ヒーラーとなってほぼ一年になります。この一年は様々なことがあり、とても早く感じました。治療するようになるなんて事は、とてもではありませんが考えてもいませんでした。私一人で治療行為を行うことの怖さ、お金を頂いて責任を持って治療するという事実に慄いてしまいそうでした。

いよいよ、担当をすることが決定して以降、再度、真癒スクールでブラッシュアップ。その時はスクールの仲間も応援に駆け付けてくれ、本当に有難かったです。

当初は週一回とはいえ、よちよち歩きの私にとっては責任を持って治療を行うことで精一杯でした。しかしながら、クライアント様から「楽になった」「良く眠った」「スッキリした」等の嬉しい言葉を頂くことも増えホッとしたものです。なかには、検査で脚を持っただけでも気持ち良いとおっしゃってくださった方もいて、より一層励みになるとともにヒーリングの素晴らしさも感じました。

「卑下せず、驕らず、今自分に出来る精一杯で」をモットーとして真癒ヒーラーとなって半年程経った頃、なぜかお会いする方々から、「見てるだけでホッとする」「穏やか」「癒やされる」など、私自身が聞いたことのない言葉を頂く場が増えたのです。何より自分が一番ビックリです。私の印象を、「きつい」「強い」「しっかりしている」という形容詞は昔から嫌という程言われてきたのですが。

先日も、初対面の方に「貴女は静かで穏やかな佇まいですね」と私にとっては最上級の褒め言葉を頂き、うれしくて恐縮するばかりでした。自分自身では、どの様に、変化しているのかが判っていなかったのですが、印象が随分と変わっているようです。さらに、自分自身を見つめてみると、どうやら、かなり心の状態が穏やかで安定しているようです。イライラや怒りがあっても持続しないし、気付けば落ち込むこともほぼ無くなっていたのです。改めてヒーラーになるとは、無理せず落ち着いた良い状態に自然体でいられることだと気付きました。

ただ最近になって、瞑想していても、雑念が湧き自分自身を持て余している様な感覚があり、なんだか瞑想ではなく迷走している様な混乱状態に陥っているような感じがするようになりました。そんな時、院長から貴重なアドバイスがありました。私の状況を色々と説明すると私の混乱状態はより一層自分自身を深く掘り下げ見つめている為に起きる困惑であり、決して迷っているわけではないとのことで少し安心しました。一つ前に進むための段階だということでした。

真癒ヒーラーになったからといって精進を怠ればレベルは下がることも、稀にあるので勉強（精進）は必要とのお説教も頂き、ホッとするやら耳が痛いやら。「これからは、こういうことの繰り返しだよ、そうしながらどんどんと心は安定してきて、それに伴ってヒーラーとしてのレベルアップしていくのが楽しいものですよ」と言われ、なんだか凄い世界に脚を踏み入れてたんだと改めて感じました。怖じけるでもなくマイペースで、時には手を引き引かれ、時にはお尻を叩かれながら一歩一歩着実に進めれば良いかなと思っています。そしてもう一つ。ヒーリングとは「愛」、故にそれは自分だけのものではなく、全ての人のもの。全て人の喜びは自分の喜び、ワンネスの考えを忘れず精進したいと思います。

【量子波動療法（原因療法）真癒、荒尾先生との出会──中田克美さん】

荒尾先生との出会いは、ＥＭの比嘉照夫琉球大名誉教授の講演会に参加させていただいた際でした。その時に、荒尾先生は、前半の部を受け持たれていて、真癒ヒーリングのご講演と施術をされました。

その時の講演会の参加者は、およそ二百人。私もその一人でした。

そこで、真癒ヒーリングの理論を拝聴し、実際にヒーリングを受けたことから始まりました。

講演の中で、この真癒ヒーリングを説明されました。宇宙のエネルギーを患者さんへ共振させて、生体エネルギーを本来の状態に高めて脳幹からの神経伝達を円滑にして身体の歪みを治し、そして、身体の内側から治して行くというお話でした。

その後、聴講に来られた方の中から、施術を希望させる方を、片っ端から治療して行かれるのです。

それも、特に患者さんに対して、特別な気合や念力のようなものをされる気配もなく、普通にマイクを手に取り、治療の解説をされているうちに、皆さん一瞬で治療されて行かれるのです。すぐには症状の変化を感じない方もいましたが、生体エネルギーが流れて身体が整ったから大丈夫ということでした。そうして、荒尾先生の講演をされる持ち時間も迫ってきたころ、「…では最後に、せっかくですので、この会場にお越しの皆さん全員を治療させて頂きます!!」というのです。

「えー？？？　そんなこと……」と、思っていたその瞬間、私の胸の辺りがふわっと熱くなりました。一体何が起こったのか……。風邪で身体が冷えて帰ろうかと思っていたのですが。

その後、『量子波動療法』を購入。そして、まずは実際に、荒尾先生のヒーリングを受けてみよう。

そう思い、予約申し込みをし、真癒に伺いました。

いくつかの問診のあと、まず姿勢観察器を使って私の立った状態での身体の歪みチェック。写真を撮って確認。自分で思っていたよりも、けっこう身体から頭が前に出ているのに驚きました。

続いて施術用のベッドに仰向けになりました。そこでも身体の歪み骨盤、肩、首のチェックをされました。それぞれ交互にずれていることを知らされる。そして、いよいよヒーリング。治療中、どこにも触れられることはなく、ただ凄いエネルギーが、私の身体の中に入って行くのを感じた。全身がうねるような振動。そして治療は終了。治療時間は十分前後だったか……。治療のあと、しばらくベッドで休んでくださいとのこと。果たして身体にどういう変化が起こっているのか。

二十分ぐらい休んだあと、身体をチェック。

なんと飛び出ていた、首から頭にかけての身体のズレが、見事に真っ直ぐになっているではないか!! すごい！ そして身体がポカポカと温かい。これは素晴らしい治療に出会った！ と感じた瞬間でした。

私は今から三十年前、交通事故に遭い、頭蓋底骨折と脳内出血。そして全身打撲で瀕死の重傷を負い、およそ十年間、良い治療はないかと色々な治療を受けてきました。そういった中で、ある種のカイロプラクティック治療に出会い、無事社会復帰ができたのですが、今思うと、それは対症療法だったのです。

つまり、身体のズレはその場で治してもらえるのですが、一週間もしないうちに、また首、肩、腰などがズレてきて、月に何度も通わないといけない。真癒ヒーリングに出会い、治療を何度か受け、身体も深い部分から安定してきていると感じられるようになりました。

この荒尾先生のおっしゃる真癒の治療、原因療法とは、身体の中心、中枢から治して行く治療であり、首がズレたから首のズレを治しましょう。肩がズレたから、肩のズレを治しましょうとかいう、対症療法的な治療とは全く違う治療をしていて、この真癒のヒーリングとは、ズレてしまっても自ずからの力で治してしまう生命力溢れる身体にしてしまう治療法なのだと、気付きました。そうか、量子波動（真癒の治療、宇宙エネルギー、神さまの愛）療法とは、自らに宿った生命力で、自らの身体を治して行く。そういう身体にして行くものなのだと。

そして私は昨年五月から真癒スクール受講生となりました。

授業内容は多岐に渡ります。まずは身体を動かす体操。一般的な準備体操から気功の基本動作。そして武道の準備体操を取り入れた運動など、毎回様々な形で準備体操をします。そして、瞑想。法界定印を組んで、目を半眼に、そして無になる瞑想をします。そして真癒ヒーラーの理論。どのような意識、価値観でヒーリングを行うのか。また長い人生で培ってしまった偏った価値観を、どのようにしてクリアな真我と呼ばれる領域に向かうのか、などを学びます。そして最後は実技へ。実際にみんなで患者になったりしながら、真癒ヒーリングのテクニックを学びます。

途中には、ティータイムもあり、ざっくばらんに心を開いて、受講生の皆さんとのコミュニケーションをはかります。このティータイムでは、受講生の皆さんから、色々な体験や、それぞれに違う分野で活躍されている方たちばかりなので、実に有意義な会話になることもしばしばです。

こういった真癒スクールのカリキュラムを受けながら、そして実技ではヒーリングも受けて、少しずつヒーラーへのステップを習得して行きます。

私は、三回目の講座を受けた時に、私自身の手足の左右差がなくなっており、ヒーリングをするようにとの指示を受けて、実際にやってみると、ヒーリングが出来るようになっているということで、真癒ヒーラーの認定をいただくことが出来て、嬉しい驚きでした。

「中田さん、わずか三回で、よく真癒ヒーラーになりましたねえ！」と、荒尾先生は、笑顔で、とても喜んで頂きました。

その後は、自分自身の心の変化を大きく感じました。今までなら、気分を悪くしたり、腹立たしく感じるような出来事があっても気にならないようになっていたのです。これには驚きました。

荒尾先生が、「ヒーラーになると、健康度も、幸福度も上がるようなんです」とおっしゃっていたのですが、これは本当なのだと思いました。そして、七ヶ月後には、さらに、ワンランクアップし、レベル2の真癒ヒーラーとなりました。レベルが上がると自分自身の体調もさらに良くなりました。真癒ヒーラーとしての道を歩み、スクール生の皆さんと更なる自己の研鑽に励む毎日にとても満足しています。

心と病との関係、心の安らぎと生き方について、宇宙エネルギーと神さまの愛について、真癒ヒーラーとなって、世の中の皆さまにできること、などなど、これからもまだまだ学ぶことばかりです。

真癒との出会いは、私の人生をより素晴らしく楽しく、そして有意義なものとさせる出会いとなりました。まだまだ未熟ですが、このご縁に感謝し、一人でも多くの方々にお役に立てるよう、これからも精進して参りたいと思います。ありがとうございました。

【自己治癒力を引き出せるようになった――木村純子さん】

「足が痺れて動きにくかったのに！」と屈伸をはじめられる患者さん。

「さっきまでの痛みが消えている」と笑顔を見せる患者さん。

「視界がぼやけて見づらかったのに、ハッキリ見えるし頭もスッキリした」と喜ぶ患者さん。

私は、鍼灸師として働いており、この様な患者さん自身が身体の変化を感じて喜んでくださっているのがとても嬉しく毎日の励みになっています。


荒尾先生の治療を受け、スクールに入りました。治療を受ける前までは自分の日常生活もままならない程、酷い体調不良が三、四年続いていました。七年ほど前のことですが、海外で働いていた頃に過労から肺炎などにかかり、それ以降は疲れ易くなり休みの日は家にいることが多くなり、連休になっても立て続けに外出をするということが出来ませんでした。目眩がひどく電車に乗ることもままならない日もあり、呂律が回らなくなったり、考えが上手く纏まらない、試験などを受けても文字が理解できない、書きたい字が分からないなどが時々ありました。なので、普通に働くことはもうできないものかと諦めていました。そういう事情もあり、お金があまり稼げなくても幸せと感じることのできる以前に住んでいた好きな国に移住して暮らそうと決めていました。

それが、真癒でのヒーリングを受けて、一回目でとてもスッキリして元気が出てきました。その後、真癒スクールに通い始めると好転反応が起こって、顔が腫れたり、首に痛みが出たり、小学生の頃あったアトピーまで強く出始めました。あまりにも急激にいろいろな症状が出始めましたが、それは今まで自分の身体の内に溜まっていたものが出てきている感覚でした。それらが徐々に治り、身体の不調は殆ど改善され、日本で働いていける自信がつきました。土曜、日曜と続けて外出することもできるようになり、逆に出かけ過ぎて疲れてしまうと持病だった喘息の軽い症状が出そうになることもありますが、しっかり睡眠を取ることを心掛けると翌日には元気を回復しています。そのように、身体が元気になっていると感じて間もなくのことです。

真癒スクールに行くと荒尾先生から、「純子さん、身体の歪みがとれているね。真癒ヒーラーになったね」とおっしゃって頂きましたが、私にはその実感はありませんでした。真癒スクールに通って六回目のことでした。

ヒーラーになってからは治療に真癒ヒーリングも使い始めました。すると、鍼を打たなくても患者さんの症状の変化が顕著に現れるようになりました。痛みの症状は和らぎ、動かない部位が動く様になったり、様々なことが起こりました。ですが、患者さんの中にはその症状の変化があまりにも自然過ぎて気付いていただけず苦情に至ることもあり、理解を得るのが大変なこともありました。原因療法というのは治っていても自然に身体の深いところから穏やかに治ることによって気が付きにくいところがあるのです。

自分でも「自己治癒力を引き出せるようになった」というのはわかりましたが、まだ、自分では何も感じないのに効果が現れることには半信半疑なところはありました。

真癒ヒーラーになってからも自分の内なる変化は起こっていました。小さな地震が起こったのかと思う様な目眩、整った身体が歪んでいるのではないかと思う様なバランスの違和感、心の浄化などが起こりました。次は顔が変わったと周りから言われる様になりました。その様な変化が起こり始めた後、いつもの様に治療を行うと気付きにくかった自分のエネルギーの流れの感覚が分かり始め、患者さんにしっかりヒーリングができているという確信が出来ました。家の中ですら杖無しでは歩行することが出来なかった患者さんが治療後、床に敷いたマットから起きて正座をし、そのままスッと立ち上がられました。これは数回ヒーリングを行ったのではなく、たった一度のヒーリングで起こったことです。立ったことをご自分でもビックリしておられ、そして自力歩行を始められました。その行動一つひとつにご自身が驚いておられ、部屋を三周ほど回られ、次はそのまま廊下に出られて歩行をされました。

「こんなことがあるんやね。こんな一回で歩ける！」と驚かれたので、「あるんですよ。ご自分でマットから起き上がられたことも気付いていらっしゃいますか？」と言うと、「そうや！　そうやったね！　もう四つん這いから杖にしがみついてしか無理やったのに」とおっしゃりました。正直、私はその驚きの声が来訪時と違いとても力強くそのことにも驚いていました。

その週末のことです。真癒の研修に行って、荒尾先生の検査を受けると、私の身体の手足のみならず首の歪みまでが揃っていて、「おお、ヒーラーレベルが上がっているね。凄いねえ」と、とても喜んでいただきました。それを聞いて、私も、こんなに早くヒーラーレベルが上がるとは思っていなかったのですが、喜ぶというよりも、何故か、幸せ~と心が穏やかになりました。真癒スクールに通い始めてから、まだ僅か十二回の受講を終えた時でした。

患者さんの中にはヒーリングと言うものを信じていなかったり、拒否反応を示される方もいらっしゃるため、刺さない鍼やお灸、揉みほぐしを行い、痛みがある部分には手を当ててヒーリング治療をしていました。

それが、私がエネルギーの流れを感じられる様になった頃からは、患者さんが「先生、いつも手を当ててくださるでしょ？　それがとても気持ち良くて痛みも消えて気分も良くなる気がするんです。またして下さいませんか？　［手当て］という言葉は本当の様な気がします」と言われたり「お灸はいらないです。手を当ててもらう方が楽なので手を当ててもらえますか？」と患者さん自ら､手を当てヒーリングをして欲しいとお願いされることが増えました。もちろん“ヒーリング”と言う言葉は患者さんからは出ません。ですが、私が手を当てることで身体にハッキリ変化が起こっていることを感じて頂ける様になり、施術の満足度が大幅に上がりました。自分自身にも変化は起こっています。元々どんなことも自己解決が多かったのですが、今は人に意見を求めることが増えました。その言葉の中で解決出来るヒントをピンッと受け取ることができ、サラッとその気持ちを整理することができる様になっています。自分自身を見つめる時間も増えた様にも思います。自分自身と対話することで、自分の考えていることや本当に願っていることなどを見つけ出し冷静に判断することができる様になりました。

都合の良いことばかりではなく感覚が高まったことによって、添加物や甘い物、食べ物全般の過剰摂取時には頸部から後頭部に痒みが出ます。しかし、これも自分自身の注意反応でブレーキの役割をしてくれていることを理解しています。

真癒ヒーラー講座で学んだことで、ほんの数ヶ月で治療のクオリティーが大幅に上がり、患者さんからも信頼が上がったと感じています。そのことは自分の自信につながっています。ヒーラーのレベルが上がるほど、何故か人からの印象もよくなる様で、嬉しいことに人との壁もなくなってきています。自分から話しかけなくても人が寄って来てくれる様になっています。ほんの小さな変化が大きな変化に変わっていっていることを自分で気付くことが出来ているのも、ヒーリングの効果だと思います。

【内側の自分が楽しく、嬉しいと気づいた日――中村典子さん】

荒尾先生とは、知人の紹介でした。

その頃の私は、それなりに幸せと感じて生活をしておりました。ところが、ある日先生のヒーリングサロンで身体チェック（病気歴、体調面、日常生活の内容、行動、食べ物などなど）を受けて、なんと、なんと不健康である自分自身に気づき、驚きでした。改めて自分を見直すと改善すべき点が沢山ありました。小さな時から、原因不明の腹痛をよく起こしていたので、薬の服用は当たり前になっていて、鼻炎、肩こり、腰の怠さ、足の冷えなどの不調はサプリメントで一時的に症状を抑えて仕事をし、ただ、気分転換処置を取っている生活をしていたのです。寝込むことのない生活をしているものの、なぜ不調を感じるのか？　どうしてそういう状態になるのかの原因に気づかず、日々を過ごしていました。

それが、真癒のヒーリングを受けると病気になる原因を知ることができました。そして、薄皮を剥ぐように、確実に不調な症状が取れ、良い状態へ改善されました。その不調がなくなると、次に訪れるのは平安な心でした。平安な心が大きくなればなるほど様々なストレスを感じなくなってきたのです。いや、ストレスに強くなるという表現の方が合っている気がします。色んなことが、「イヤだなぁ〜」と思いはじめると、お腹が痛くなるという自分の性分には気付いていたのですが、それをどういう風に改善するのか？　よくわかりませんでした。

ヒーリングによって、生命エネルギーが輝き始めると、内側からのエネルギーがわいてきて元気になり始めます。なんとも言えない幸福感も味わえてくる様にもなりました。変化してゆく内側の自分が楽しく、嬉しい気づきをさせて頂いております。真癒では、ヒーリングだけでなく、観念を変えていく講座があります。先生の破天荒な話や、宇宙の話、父なる神、愛一元、ワンネス……。その講座を何度か受けていると、自然とヒーリング出来るようになるのです。驚きです。遠くに住んでいる孫が、ひどい咳が出た時に先生に教わった遠隔ヒーリングを施すと「なんか、咳、治ってきてる。不思議やわぁ〜」と娘から連絡があります。娘もしんどい時など、「祈ってください」とメールが来てヒーリングすると、「愛を感じたわぁ。ありがとう」と温かい会話が親子で出来るようになり、とても幸せなことです。

また、近所にお住まいで何年間もお世話になっている母の様な方がいらっしゃるのですが、少し前よりパーキンソン病を患われ歩行が困難なのです。時折、様子を伺いに行くので、その時に微力ですがヒーリングをして差し上げると、「貴女が来てくれると、足が軽くて歩きやすくなるから嬉しいわ」と、言ってくださいます。その微笑みを見るのも、私の幸福感がアップする瞬間です。ヒーリングは相乗効果さえもたらせてくれます。

最後に荒尾先生の代理治療、遠隔ヒーリングの話に入ります。私の主人は六十歳での定年後も、元気に働いてくれています。ただ、十七歳の頃よりの超ヘビースモーカーです。この頃、少し体調を壊していたので、代理で治療をちょくちょくして頂いてました。そして、遠隔ヒーリングもお願いして一週間位過ぎた頃から、主人の発する言葉が見事に変わってきました。休日にわずかな時間の昼寝後、「なんか、久々に頭がスッキリした」とか、「最近、夜の眠りが良くなったなぁ」など、プラスの言葉が多く出るようになったのです。そして、寝汗をかくようになり、身体の芯から温かくなってきてるのか、顔色もピンク色の日が増えてきました。血流改善が起きてるんだと思います。そして、極め付けは寝る前に「今日もありがとうねー」なんて、今まで私がいくら言ってても言い返して来なかったのに……そんな言葉を発するようになり、驚きです。脳の中までというか、心の中までヒーリングは変えてくれました。タバコの本数も劇的に減り、あと一息位でやめられそうなところまで来ています。先生曰く、ヒーリングを受けるとタバコを吸えない体質になるようです。楽しみです。愛に満ち喜びに満ちた生活で一生を終えることは、来世への幸せへと繋がることだと感じています。

【ヒーラー講座を受講して――吉川洋子さん（五十四歳）】

私は、荒尾先生には、波動療法の頃から家族でお世話になっていて、もう二十年近くのご縁になります。通院を始めた当時の私は、風邪を引きやすく、いつも頭痛と肩こりがあり、とても寒がりで夏でも足先が氷のように冷えていました。そんな状態でしたので一週間に一回通院して、肩こりと頭痛は随分と改善されました。また食生活の指導もいただいていたのですが、甘いものやコーヒー、お酒も控えるということはなく過ごしていました。

先生が真癒ヒーリングを始められるようになって治療を受けると、身体が以前よりも温まるようになりました。通院も二週間に一回くらいでもよくなりました。

ちょうどその頃、ヒーラー講座が開講され受講させていただくことにしました。講座には、月に一度のペースで参加しました。特に印象に残っている出来ごとは、初めて受講した日に、いきなり「ヒーリングしてみて」と言われ、ヒーリングのやり方も何もわからないまま、どうしてよいかわからず、とてもあたふたしたことです。しかし、講習を重ねるうちにヒーリングをするには、自分の意識の在り方が大切だとわかってきました。自宅でも練習しようと家族を実験台にヒーリングを試してみましたが、うまくいく時と、うまくいかない時がありました。

一方で、その頃の私はとても慌ただしい毎日が続くようになっていて、いろいろな出来事が重なった過労と精神的なストレスで、大きく体調を崩してしまいました。身体が発する非常事態のサインに対して、さすがにこれはいけない、生活を真剣に見直さなければと決心しました。もちろん甘いものやアルコール類は一切やめ、食事も玄米菜食、夜十時には就寝するという生活を始めました。また、ヒーラー講座でもさまざまなアドバイスをいただきつつ、自宅でも一生懸命にヒーリングを実践し続けました。すると一ヶ月ほどで、医師も信じられないと驚くほど検査数値が改善し始め、その後も順調に回復を続け、おかげさまで三ヶ月後には医師から完治したと言ってもらえるまでになりました。今回の身体の不調をきっかけに、ヒーラー講座にも真剣に取組んだことを通して、愛との一体化、自分の意識が大きく変わりました。

ちょうど九回目の講座の時には、ヒーリングができるようになっていました。ヒーリングができるようになってからの変化としては、身体が軽くなり、頭痛や肩こり、背中の凝りがなくなりました。また、ヒーリングを行う相手の方に対する意識も大きく変化しました。以前は、ここに自分がいて、目の前にヒーリングをする癒やしを必要とする人がいました。しかし、講座で学ばせていただき気づいたことは、愛、癒やしをそれを必要としている人にそそぐということではない、ということです。そもそも人は完全である。相手の中に病気や不調和を認めてそれを癒やすのではなく、相手の中にすでにある完全性を見る、というこれまでの常識とは大きく異なる視点での気づきでした。それからは、どこが悪いとか、その人を治したいと思うことなく、ただその人とその周囲すべてにある、完全性のみを認めるだけ、あとは何も考えないようにするという気づきでした。

この気づきを基に、疲れやストレスで食べ過ぎて、胃と腸の動きがよくないという夫にヒーリングをしてみました。するとすぐに身体が緩みはじめ、骨盤が動いて足の長さも揃い、胃と腸もキュルキュルという音とともに動き出しました。そして「身体が楽になった、とても効いたみたい！」と言ってくれました。

私のヒーラー講座受講の動機が、家族をヒーリングしてあげたいということでしたので、本当にありがたく嬉しく思います。おかげさまで疲れて帰ってきた家族や近所に住む母親にも、いつでもヒーリングをしてあげることが出来るようになりました。また他の人へのヒーリングだけでなく、セルフヒーリングや遠隔ヒーリングにも挑戦しています。

遠隔ヒーリングでは、息子が海外留学の出発直前になって足の親指がしびれるというので、先生にヒーリングしていただきましたが、症状が残ったままでの出発となってしまいました。その後は遠隔ヒーリングを一ヶ月間していただいたところ、息子から強い下痢症状が出てから、いつの間にか足先のしびれも消えて体調も良くなっていった、と嬉しい報告がありました。きっと、食生活の乱れで腸が弱っていて、その好転反応として下痢が出て、足のしびれも直ったようなのです。

親としては、子供の慣れない海外での生活がとても心配でしたが、遠隔ヒーリングのおかげで海外にいても距離はないと思えるようになり、安心して見守ることができています。ヒーラー講座を受講したことで、家族みんなが安心して暮らせることがありがたく、心から感謝しています。

【ふとした瞬間に、幸せだなあと感じる――中田知子さん（五十歳）】

真癒ヒーリングを受けるようになって、一年に近くになろうとしています。そういう経験の中で、真癒ヒーリングを受ければ身体の調子が良くなる、というのは、もう当然のことであると感じるようになっています。

通い始めた頃に一番気になっていた症状は、めまいでした。中学生の頃から時々やってくるようになり、私の持病のようになっていました。

めまいの酷いのが現れてきたときには、頻繁に大地震でもが来たかのような感じでした。突然、フラフラとして普通に歩けなくなっていたのです。特に、人の多い街中では一歩も足が出なくなって座り込まないといけない。とか、身体ごと後ろに引っ張られて倒れそうになるようなめまいでした。それが、ヒーリングを受けていくうちに、めまいの起こる頻度も、めまいの揺れる強さも、徐々に和らいできて気がついたら普通に歩けるようになっていました。

そして、遠視が酷くて仕事でパソコンを使うのですが、文字の倍率をかなり大きくして仕事をしていました。書類の文字を見るときには虫眼鏡を使っていたほどです。ですから、とても小説などは読む気にならなかったのが目の調子も良くなり本当に助かっています。この目の変化については、初めて受けたときにスッキリとして明るく見えたことも印象的な出来事でした。他にも、腰痛、肩こり、首の歪みなどがありましたが、そういったものは、すっかり楽になりました。

私は仕事で出張になることも多く、それらの出張は、とてもでハードで身体がクタクタになるので、そういうときには遠隔ヒーリングをお願いして、楽に乗り越えることができました。

他の体調の変化としては、眠りが深くなりました。以前は、眠りが浅くて寝たような感覚が薄かったのです。以前は、なかなか寝つけなくて、眠りに入るのは二時。遅いときには四時でした。ぐっすり寝れると感じるのは二時間くらいで、土日の昼に、なぜか安心するのでまとめて寝ることでなんとかバランスをとっていた感じでした。今では、夜の九時半頃になると、あっという間に急に眠くなって熟睡することができて朝もすっきりと起きられるようになったのです。

そしてこの年一年の間で、仕事のやる気も出てきましたし、向上心というか、集中力が上がったのを感じています。その効果で、二種類の検定試験を取れることができたのも嬉しいことです。

社内の仕事でもなぜかやりたいことが舞い込むようになってきています。偶然なのかもしれないのですが、不思議なことに、自分がしたいと待っていたような仕事が来るのです。

また、性格が全然変わったようなのです。会社の先輩の人に、刺々しさがあって威圧感があって、とても怖かった感じがしていたのが、いい人になったと言われたりします。それと関係するような事柄として、受け始めて半年ほど経った頃、満たされ感が出てきたのを感じました。ふとした瞬間に、幸せだなあと感じる、喜怒哀楽というか、ただ楽しいというのとはまた違う、幸福感があるようになったのです。

私にとっては、健康のためにヒーリングの効果があるということよりも、人間関係がよくなった、いい人と出会えるような感覚や、心が満たされた幸福感のようなものまで感じるようになったことに真癒ヒーリングの凄さを感じています。こうして、過去の自分を思い出しながら体験談を書いていると、真癒を受けてから数ヶ月経った頃に受付に置いてある体験ノートにも、身体の調子が良くなった喜びの感想を書かせて頂いたことを、懐かしく思い出します。

初めて真癒に通い始めた頃と比べると、「とても元気になった。体質が変わって丈夫になったなあ」としみじみと思います。さらに、そのような身体の変化だけにとどまらず、心までが強くなったという感じがして、とてもありがたいと思っています。こういう変化と感想を先生にお伝えしても、「それも、自分自身の内側からの力ですよ」と言われて、不思議なように感じながらも、納得している自分がいます。もっと、自分自身の内側にある力に気づいていくことの必要性を感じるようになっています。

第八章　真癒から神癒への道

◎対症療法と原因療法の違いにこだわるのは

なぜ対症療法と原因療法とを区別するか。

それは、療法としてそれぞれのメリット、デメリットを知って、それを、その時々の、より良い方を選択することがより良い効果を得られるからです。私は、幸いなことに対症療法も経験して、原因療法に巡り合えたことをとても幸運だと思っています。その幸運を皆様にお伝えさせていただきたいと思うからに他なりません。

対症療法とは読んで字のごとし、症状に対して行うものです。それに対して、原因療法とは、生命の働きを高めようとするものです。例えて言えば、イソップ寓話の「北風と太陽」の内容が見事に一致します。この寓話は、皆さん、ご存知のことと思います。

ある時、北風と太陽がどちらが力があるか、競い比べあうことになりました。そこで旅人の上着を脱がせることで勝負をすることになります。

北風は、風の力によって上着を吹き飛ばそうとします。しかし旅人は、上着をしっかり押さえるので、北風は旅人の服を脱がせることができません。太陽は燦燦と陽の光を照りつけました。すると、旅人は暑いので自分から上着を脱いでしまいました。それで勝負は太陽の勝ちとなったという話です。

事故やけが等の時には、北風のように緊急時には強引な手法として手術が必要ですし、点滴や薬も必要です。しかし、体力の低下に伴って不調があらわれた場合には、健康度が上がることこそが必要なのです。健康度が上がれば、身体の機能はよくなって健康体となります。

対症療法では、症状を取ることが出来ても、健康度を上げるわけではありません。もし上手く身体にアプローチすることが出来て症状を消すことが出来たとしても、身体はその症状を消すための負担を何処かに振り分けます。副作用があるというのはそう言うことです。

要するに、健康になって症状がなくなるのと、健康度は上がらないまま症状がとれるのではどちらがいいか？ ということになるのです。

対症療法と原因療法の違いを理解するには、こういう例えもいいかもしれません。

ある方が仕事中に寝むくなって困っているとします。その眠りを覚ますためにはどうすればいいか。対症療法的なアプローチであれば、その人に刺激を入れることによって眠気を妨げます。居眠りをしている人を叩くこと……効果が出るのはほっぺにビンタをすることです。痛ければ痛いほど効果は出るでしょう。身体への外からの刺激が入ると、脳は緊急事態と捉えて防御反応、すなわち生体反動力が働きます。それによって、眠気は一時的には消えて目が覚めます。目を覚まさせることには成功するわけです。

しかしながら、身体は眠気を欲しているのですから、その効果は一時的なものであって、しばらくするとまた眠くなります。

原因療法的なアプローチであれば、二つの状況が相手の状況によって起こります。原因療法は、あくまでも本人の生命力を尊重する方法なので、集中力が低下して眠気のある場合には、脳幹の働きが高めることで脳を活性化し、眠気を吹き飛ばします。これが一つです。もう一つは、身体が極度の疲労状態であれば、深い眠りを要求しますから、短時間の深い眠りに誘い体力をリフレッシュして、その後にすっかり眠気を飛ばしてしまうのです。これによって仕事に取り掛かる集中力を持って次の対応ができるようになります。

要するに、対症療法というのは刺激によって身体を反応させているということなのです。確かに対症療法の中でも、より効率的な刺激の入れ方があり、有効であるにしても、生体反動力によって身体が反応したのであって、本質的には、体力を回復させるのは難しいのです。

それに対して、原因療法は本質的に身体を整えることの出来るものです。

続いて逆に、眠れない人をどういう風にして眠らせるかを見てみましょう。

これは対症療法では難しいのではないかと思います。刺激を入れることで身体を安静に導くのは難しいからです。しかし逆に疲れさせてしまって眠れるようにするという方法があります。身体にたくさんの刺激を入れるのです。すると身体は反応することに疲れて眠気が引き起こされるのです。それは、オーバードーゼ、刺激過剰の状態にすることで眠気を引き起こすのです。例えば、子供が自動車に乗っていると眠気を催すのはそういうことです。感受性の高い子供にとって、自動車の音と振動が大きな刺激となり、ついには眠気を呼び起こすのです。あるいは、アルコールを飲むことで眠くなる場合です。アルコール分で脳の機能低下を引き起こして眠気を誘うのです。これもある意味、対症療法です。それらの眠りは、外からの刺激によって得た眠りですから、回復力をあまり取り戻すことはできません。

それに対して原因療法を行ったことによる眠りであれば、本質的な眠りへと導くことができます。それは、脳の機能が整い、身体が自然に必要とするだけ睡眠を要求するようになるからです。穏やかな気持ちを持って眠りに入っていくわけです。それもとても深い眠りになります。その効果は体内時計さえも整えて日常の睡眠がしっかりとしてきます。眠りのパターンが自分のものとなって定着し不眠症の方なども回復します。自然と、夜は十時くらいまでには眠くなり、朝は五時頃には目がすっきりと覚めるような体質となっていくのです。

◎症状をとっていても健康にはなれない！

あなたの治療についての考えをお尋ねしてみたいと思います。

あなたは、ただ症状が取れればいいと思っていますか？

それとも、本当に健康な身体になりたいと思っていますか？

最初に、この二つのことの区別をさせることがとても大切です。ほとんどの場合、症状に目が行きますので症状を取ることに意識が集中し、それが目的となります。しかし、それを繰り返していても健康にはなれません。症状を抑えていれば、しばらくするとぶり返してきます。あるいは、違ったところに新たな症状が浮き上がってきます。

症状とは、身体の補正作用であり、防御作用でもあるからです。症状を取ることによって、身体の感覚は少しずつ低下していくのです。なぜなら、原因を解決しないで症状を抑えるのは、身体にとって負担を伴ってしまっているからです。

私も治療家になっても、このことがわかりませんでした。症状がなくなることが、治癒であると思っていたからです。しかし、長年の治療家としての経験から、また素晴らしい先生方からのご指導をいただき、気づいたのです。極端な話、ただ症状が取れるだけならば、感覚を鈍らせればいいわけです。究極的な現実として、癌になって甚だしい苦痛があるのでホスピスに入って痛み止めのモルヒネをどんどん強くしていた場合どうなると思いますか?

私は症状を感じなくなるだけで楽に過ごせるものだと思いました。しかし、実は違いました。痛みや苦痛は感じなくなるものの、とてもだるく、とてもしんどい、という痛みはないものの苦しい状態になるのです。モルヒネによって脳が働かなくなって思考も低下して、内臓の機能も低下して食事も進まなくなります。これが究極的な症状を抑えた場合の姿なのです。

ここまで書けば、よく分かりますよね。症状を取ることは、実は、ただのその場しのぎに過ぎないものであって、健康には向かっているのではないということです。もちろん、怪我をして出血をしているとか、骨折や怪我をしているとか、そういう場合には症状と原因が一致しています。だから、当然のこと骨折と怪我の処置をすることが何より大切です。原因を治療していることになります。

日常生活の中で自然に徐々に現れてきたような症状は、身体の中で生体エネルギーが低下したことで現れたのです。健康レベルが低下し生体エネルギーが低下している所に症状が現れます。だから、健康レベルを上げるということが大切なわけです。

症状を取り除こうとすることよりも、健康レベルを取り戻すということの大切さをご理解いただけたら幸いです。健康レベルを上げるには、解剖生理学的にみれば、脳幹の活性化です。量子力学的に見れば、人間の生体波動を高めることと言えます。当然のことながら、健康レベルが高ければ、様々なウイルス感染も防げるでしょう。もし感染したとしても、軽症ですぐ回復することができるでしょう。症状を相手にしない、健康度を上げる原因療法こそが、真実の癒やしの基本であるという考え方をご理解いただければと思います。

◎最も素晴らしく、そして、理にかなった療法とは

理にかなった療法とは、生命力を高めることのできる原因療法であるということです。しかしながら、その原因療法というのはあまり広くは行われてはいません。どうしても、一般的には症状をとることを目的にしています。何よりも生命力を高める技法が少なく、また、その方法に気づかなかったからです。今、世間で行われているのは、ほとんどは対症療法です。もちろん対症療法の中でも、とても活用できる素晴らしいものもたくさんあります。

とはいえ、私としては原因療法の方が魅力的ですので、皆様にも原因療法をお勧めしたいと思います。

様々な療法の中から原因療法を選択することが必要となりますので、その判別法をご紹介させて頂きます。

肉体的療法としてアプローチをするのであれば、脳幹を活性化することができるかどうかが、何よりも大事です。そのためには、上部頸椎の調整ができるかどうかということになります。他の骨や、外からの刺激では不可能です。偉大なるカイロプラクター、パーマー先生がそう断言しておられます。そして、その理論が正しいと私は思っています。

次に、エネルギー療法としての原因療法のアプローチの場合はどうでしょうか？　その場合は、ヒーリングを行う施術者の身体の状態が大切なものとなります。というのは、エネルギー療法は施術者の健康レベル以上にクライアントのエネルギーを整えることはできない、というのが基本原則だからです。水は高いところから低いところに流れるという自然法則と同じです。

施術する人の健康度が低く、身体が歪んでるような状態で人を癒やすことはできません。また、健康度だけのただ持ち前のパワフルなエネルギーを使っている場合もあります。パワフルなエネルギーで一時的にクライアントをエネルギー的には高めることはできても、身体の歪みが取れないような調和されていないエネルギーのことがあるのです。その場合は一時的な健康回復感で終わってしまうのです。エネルギー的には強くなっても、身体の調和は図れていないのです。調和のとれたエネルギーを使っているかどうかが大切なのです。調和のとれたエネルギーによってヒーリングを受けた場合には、クライアントの自分自身の眠っていた力が、身体の深いところから蘇り、本質的な健康回復へと向かうのです。更には精神的にも穏やかなとても安定した状態へと向かいます。

そういう面でも、施術者の思考も根本的に大切なものとなっています。

さらに重ねてエネルギー療法を考察していくと、様々なスタイルのものがありますが、対症療法的なものの方が多くあります。原因療法のエネルギー療法であるか、対症療法的エネルギー療法であるかを見極めることが必要となってきます。その時、どういう風に見極めるかと言うと、やはりアプローチの仕方です。意識の働き方が基本となるのがエネルギー療法です。症状に目を向けるか、それとも生命力に目を向けているか、その違いが判断材料となることでしょう。症状をすぐに取ることは、とても魅力的に感じるものです。しかしながら、症状だけをとっても健康レベルの問題は解決していないわけです。

その症状は繰り返し現れてきて健康体を取り戻すには至りません。その点、原因療法は症状がその場では取れないこともありますが、身体の内から着実な回復の変化を起こしていき、気がついたらすっかり治っている、というような本来の健康体を取り戻すことができるものなのです。

このことを、よくよく考え、本当の健康法となるものなのか、症状をまず押さえるという療法を選ぶのか、その辺を自分自身の求めるものによって活用することでしょう。もちろんのこと、私は肉体的のみならず精神的にも本当の健康となる原因療法を選択することをお勧めします。またエネルギー療法は、見えないものだけに、とてもあやふやなものもあります。実際に健康度を上げることもできなければ、症状も取れず、ただ身体の空気感を変化させるだけで終わるようなものも多くありますので、その辺の冷静な選別も必要となります。

◎エネルギー療法こそが、人類の真の癒やしである——と思う今日この頃

治療というものにも、残念なことに副作用、後遺症というものも、時には発生することもあります。しかしながら、なかなか、その事実に気がつかない、注意を払っていない医師や治療家の先生方が、多いものです。

人間、都合の悪いことには目を向けたくないものなのです。その点、私は、変わった性格で、悪いことに目を向けて、なんとかしよう。自分自身の実力がなくても目を向けて、そして、それゆえに悩み苦しみながら考えてきたのです。それで、随分と苦労しましたが、しかし、今では、そのお陰で問題を解決することができるようになり、安心を得ることができました。

治療は、クライアントの身体を整えようとして施術をします。もちろん、良い治療を行えば、ほとんどの場合は期待に応える好ましい効果が現れるでしょう。しかし肉体に大きな力を加えるということは、それだけ負担になります。いや、大きな力だけではなく小さな力でさえ、そういう負担が発生するものなのです。というのは、クライアントさんと話をしていて、改めてそのことを認識することがありました。

六十歳代の女性の方です。左の肩が痛いという症状を訴えられます。ヒーリングをした後は、しばらくは回復するのですが、一ヶ月ほどして、また疲れがたまってきたら同じ症状を訴えることが、何年も続いています。そこで私は改めて、不思議に思い、「初めて痛くなったのはいつで

すか？」とお伺いしたところ、首の歪みを取ろうとするある原因療法を受けてからだと言います。たとえ原因療法といえども、本人がとても疲れた時などに身体に負荷をかける姿勢にしまった場合には、身体の中にねじれが起こり、そこに問題が深く残ることもあるものだと改めて理解しました。

私自身、カイロプラクティックで研修生時代に、研修生同士で、背骨を、毎日のようにボキボキボキボキとお互いが練習台になって、いつも矯正を受けていました。数年後には背中がいつも冷えた状態になっていました。それは背骨の矯正をし過ぎて自律神経が乱れてしまったわけです。しかし、それは仙骨の矯正によってすっかり回復しました。

その後のことです。信頼する先生に、二十数年前に治療してもらった時のことです。仙骨をガチャと矯正をした瞬間に、左の肩がグンと突き上げられたようになりました。その影響は（後遺症）は未だに、少し残っているのを感じてます。それほど大きな問題とはなっていないのですが忘れられない出来事でした。また、今でも、もう一つ後遺症が残っています。それは仙腸関節の緩みです。背骨の冷えが治ったので、仙骨の治療に絶対的な信頼をしてしまい、より健康体を得ようと、毎週一回、仙骨のアジャストメントを受けていました。それが何百回も回数を重ねることで仙腸関節に緩みが出たのです。もちろん、これもきちんと回復させておかなければ、今のところはそれほど大きな問題でもないのですが、体調が低下するとこの影響が出てくるかもしれないと思います。

滅多には起こりませんが、やはり時には、施術によって副作用により後遺症が残るのも事実なのです。一般の医療にしてもそうです。大きな手術の影響は残りやすいものです。なかなか、難しいものです。何らかの手を加えるということは、時にはリスクがあることは承知しておくことが必要です。

このように書くと、治療には危険な面があるようですが、副作用というものは、ある意味、地球上のほとんどの行為もそうです。普通の会話でも相手の心にストレスを与えることもあります。小さめの靴を履くことも悪影響があります。柔軟剤の香りや、電磁波も、悪影響を与えます。マッサージも、アロマの香りも、まれには、ストレスになることがあります。食べ過ぎや、添加物、アルコール、カフェインなどのとりすぎなども身体への負担になります。神経質になって考えればキリはないことも事実であることも付け加えておきます。

改めて申し上げますが、触れずに治せるヒーリングであれば、リスクがありません。

そういうこともあり、私は、何もしない、触れない、身体に負担をかけない——そういう手法がベストだと強く思っているのです。

かつてイネイト塾と言うスクールを運営していた時に、「何もしないのは、哲学そのものの療法であり理想だ」と生徒の皆さんに熱弁をふるったことがありますが、その思いは今でも変わりません。今では「祈りによるヒーリングこそ最高のものだ」と感じています。

しかし、悪い念を送れば、それだけの悪影響が出せます。一年ほど前に、ヒーリングの効果を確認しようと思ったことがあり、波動測定器のニュースキャンという機器を使ってヒーリングの効果があることを確認しました、せっかくですので、続いて、邪念、悪念を意識して送ったところ、やはり悪い影響が出せるのを確認したこともあります。

純粋な思いでヒーリングをした結果であれば、肉体を治そうとしただけでも、精神的な良い変化を得られるものです。これは、クライアントご自身の脳幹の機能の働きの回復により、生命力が十分に働く結果です。あくまでも、ご本人の力がよりよく働くかどうかです。生命力をいかに働かすかが、何よりも大切ということです。

書き進めている内に、一つの言葉が思い浮かびました。

「善因善果、悪因悪果」

常に善い因を大事にしたいものです。

◎ゆりかごから墓場まで

「ゆりかごから墓場まで」というイギリスの理想的な福祉国家を目指した社会保障の充実を目ざした言葉があります。

真癒ヒーリングにおいてはどうか？

「受胎前から死後の世界まで」と言えます。

妊婦のクライアントは、出産時に、安産になることは多いのですが、それ以前に、まずお父さんお母さんの体調が思わしくなく、受精が、あるいは受胎ができないという不妊症と言われるような場合でも、ヒーリングをすると元気な子供を授かることが多くあるからです。生まれるきっかけから大きく関与していると言えます。

ヒーリングを受けると、男性は精子が、女性は卵子が、健康的になり、胎児の育つ場所となる子宮もより良い状態になるからです。骨盤の歪んでいるところで育つよりも、骨盤に歪みがなく、腰がしっかりとして安定しているところで育つ方が、健康体に育つに違いありません。

母体にいる時、胎児の段階からお母さんにヒーリングをすることで、お子様は元気にすくすくと育ちます。妊娠中のお母さんがヒーリングを受けている時に、お母さんのお腹をポコポコ蹴って活発な動きを見せることがよくあります。そしてお母さんも「なんとなく喜んでいるように感じます」とお話になることがほとんどです。実際に、逆子が治ったりするのもその証明です。

そのように、胎児としてすくすくと育ち、そして出産は安産になります。骨盤が歪んでいると難産になり、骨盤が安定していると安産になるのです。もちろん元々の受胎時の条件がありますから、全てが全て安産になるとは限りません。難産が安産になるとか、死産が難産になるとか、あるいは死産が早く流れるとか。人智を超えて母体の生命が、内なる自然の叡智が適切に働きます。そういうように、何でもかんでもが私たちの考える理想となるわけではありません。しかしながら、今までの経験として、ヒーリングを受けている方の出産は、とても健康なお子さんとして安産で産まれます。さらに発育が良く育っていきます。

赤ちゃんがヒーリングを受けにくると、夜泣きがなくなったり、言葉が遅い子がしっかり喋れるようになったり、精神的に落ち着きが出てきたり、という嬉しい変化があります。それ以降、発育が順調で元気に育つ。そして、その後のヒーリングは、しっかりとした健康維持ができるということは、ここで申し上げることもないと思います。

歳を取った時は、ボケや寝たきりの予防となり、さらに最期を迎えた時には穏やかに、安らかに亡くなられます。

私の叔母が数年前に亡くなったのですが、臨終を前に、遠隔ヒーリングをしていました。そして葬儀に伺って対面した時に、死に顔がとても美しい表情をされてました。本当に美しくて驚いたほどでした。もちろんお化粧もお上手だったのかも分かりませんが、それだけではないと感じました。

健康度を上げるヒーリングをすることができると、出産前のきっかけから死に際まで、死後の世界があるとしたならば、とても素直な心持ちで次の世界へと旅立つことができるのだと思うのです。人間というのは、生きている時の行い、意識が大切だと思いますが、死に際の意識状態も、死後になんらかの大きな影響を与えているように感じます。

ということで、真癒ヒーリングの効能は、「受胎前から死後の世界まで」と書きましたが、これは、胎児から、妊婦さん、重症患者さん、体力の低下した高齢者まで、誰でも真癒ヒーリングを安心して受けることが出来るということです。

現代社会では、健康を守ろうと、薬やワクチン、健康食品に頼ろうとしていますが、人間というものは、本来、誰でも、健康を維持できるものであり、さらには他者への癒やし、ヒーリングもすることができるのです。

癒やしの行為は、特別なことではありません。私たちの当たり前の能力です。ただ相手のことを意識するだけで出来るようになるのです。唄を歌ったり、絵を書いたり、走ったり、読書をしたりするのと同じように、人間の持って生まれた力が与えられているということです。

生命力を高めるヒーリング、癒やしを多くの方が知り、活用することで、皆が健康で、平和な、より良い世の中になるに違いありません。

◎ヒーリングの深さ

ヒーリングにも色々なスタイルがあります。スピリチュアル的なもの、肉体次元だけに着目したもの。さらには願望達成型など。いろいろあります。私は、基本的には、まず健康レベルが上がる本当に健康になれるヒーリングを大切にしています。そこから、今では進んで、心の平安、生命そのものを輝かせるということまで進歩してきています。

とはいえ、何よりも、体調を整えられるヒーリングが土台となります。その場合には、根本的に、そのヒーラーの健康レベルが、どの程度の深さのヒーリングができるかを決定するところがあります。もしも、ヒーラーが健康でなければ、当然のことながら、それほどクライアントをしっかりと健康にと導くことはできません。そこで、私が大切にしていることは、自分。自身が健康であること。当然のことながら、肉体のみならず意識が健康的であることを大切にしています。

実は、一つとても大切なことがわかりました。ただ症状を緩和することが出来るかどうかだけではなく、調和が取れているヒーリングであるかどうかということが大切だと言うことです。

ヒーリングのタイプもいろいろあります。パワーによる癒やしのタイプと、とても繊細な波動のタイプ。あるいは、あまり効果のないイメージだけのもの、理論先行型のもの等です。人間の行うことですからスタイルは色々とあります。その中で、治療をした時に、どれほど効果を感じるかというのは、ある意味パワーが手っ取り早いところがあります。

パワーのヒーリングをすれば、それだけエネルギーを供給することとなりクライアントは元気になった気がします。しかしながら、よくよく調べていくと強いパワーがあっても調和がとれてないことがあります。それだと一時的なもので終わるのです。むしろ大事なことは、調和が取れていることです。調和のとれたパワーが一番本人の生命力の回復を長続きさせることができると感じています。

調和の取れたヒーリングを受けると、脳幹が安定して自分自身の身体の左右のバランスが整うことで、その効果は長く継続して働きます。一時的な強いパワーだけの供給であれば生体磁場が強まるだけで、身体の歪みがとりきれていないものです。電気と電気がバチバチとショートするように、人間のエネルギーの交流により症状がわからなくなるだけのことさえ起こり得ます。

精神的な効果の判別ですが、やる気が出るだけではいけません。やる気というのは、場合によっては欲望が強まるだけの可能性があるのです。それよりも本質的なものは何か。それは心の平安です。心が平安になり、心が愛で満たされて、それによって本当の内なる力が輝き始めるからなのです。

ただ、やる気が出ても欲望が強くなっても不安定さがある場合には、悪影響が起こっている可能性さえあります。ある程度の活発なパワーで調和のとれたエネルギー、心が穏やかになるような調和されたエネルギーのヒーリングこそ理想的なものだと私は考えています。

ヒーラーの中にも、パワフルだけど身体が歪んでいる方も多いのが現実です。パワーだけで反応させるヒーリングは対症療法となります。

真癒ヒーラー養成講座では、ヒーラー自身の身体の歪みを確認しながらヒーラーレベルを決定していきます。そして今まで以上の、さらに効果的なヒーリングを探求しています。

◎真癒は、神癒へと発展する道

真癒は、神癒へと発展する道です。肉体と心を整え得る原因療法であり、自分自身の覚醒へと進むための道なのです。

真癒ヒーリングとは、クライアントにとって、生命力を上げることのできる真実の癒やしです。ヒーラーにとっては、ただの「癒やし」に留まるものではなく、実は、自分自身の真我を目覚めさせて「神の癒やし」に辿る道程であると感じるようになってきました。真癒ヒーリングは、技術や、方法で、行うものではありません。ただただ、自分自身の意識のあり方によって何かが働くのです。私自身も、まだはっきり分かりませんが、クライアントの健康度が着実に上がり、クライアントは健康になっていきます。

尊敬する密教の織田隆弘先生は、宇宙の命の働き、大日如来の働きであると言いました。私も、その宇宙のなんらかの力が働くのだろうと思っていましたが、イギリスの偉大なるヒーラーであるマクドナルド・ベイン師、あるいはハリー・エドワーズ師は、指導霊の力が働くからだと御著書に書いておられます。このお二人がおっしゃるのですから、そうかもしれないと思っています。そういう霊的な世界は、私自身、少しだけ実際に体験していますが、詳しくはわかりません。今のところは、確信をもてません。

ただし、はっきりしているのは、念を使うわけではありません、ほんの少しの意識の使い方でできるのですから、確かに自分自身の力などではなく、指導霊の力なのかもしれないと感じています。今は、ただ素直に、日々ヒーリングを行うのみだと考えており、そして、いつかそのメカニズムを感じる時がくるだろうと考えています。

西洋では、歴史上の最大のヒーラーは、イエス・キリストであると言われます。キリストが民衆の心を惹き付けたのは、数々の奇跡でした。この本でも最初に書きましたけれども、そのような奇跡によって、当時のイスラエルの人々が救世主と崇めたわけです。キリストは十字架での磔刑の後、復活しました。その奇跡を目の当たりにした弟子が、その後、キリスト教を広めました。死んだ人が蘇るということは、とても理解しがたいことではありますが、私のような者が、日々、遠隔治療をしたり、手を触れずにほんの少しだけ意識するだけで、人の身体が整うことを考えると、覚醒した人であれば、様々な奇跡と思われるようなことが起こっても不思議ではないのかもしれないと思っています。

余談ですが、私は、今、イエス・キリストが現れて今のキリスト教を知るならば、かなり自分自身の考えとは異なっていることに驚くことだろうと感じています。もしも、免罪符や、十字軍の遠征などがあったことを知ると、本当に驚くことでしょう。

私は、長年のヒーリングを通して、自分自身の考え方、思考法を随分と見つめてきました。そして、ある程度の真実への理解を深めることが出来たと思っています。とはいえ、まだ覚醒などということは未知の世界です。しかし、このまま自分なりに精一杯歩んでいく中で、そのような気づきを得られるようになりたいと大きな希望を持って日々を過ごしています。

人間はだれもが、覚醒に至る時が来るものだと思っています。

覚者の癒やしは、神癒ヒーリングと考えています。

そういう意味で、真癒ヒーリングとは神癒ヒーリングへと進むための道でもあるのです。

TRUE healing から DIVINE healing へ進む道なのです。

より良いヒーリングが行えるよう，日々、歩みを進めて参ります。

最後までお読みいただき、ありがとうございます。

おわりに

この本を書き始めて、推敲を重ねているうちに一年が経過してしまいました。慌てることなく、ゆっくりと書き上げれば良いと思いながら、過ぎゆく月日を感じてはやる気持ちもありましたが、その想いをおさえてじっくりと認めました。

真癒トゥルーヒーリングを、日々行う中で、さらに多くの今までわからなかったこと、気づかなかった身体のメカニズムがわかってきています。また、ヒーリングレベルも一年前よりはるかにアップしてきています。これからの臨床における成果と、自分自身のさらなる成長を楽しみにしているこの頃です。

人間の身体を理解するということは、なかなか難しいものです。と言うのは、長年の経験で、様々な症状を持つ方が真癒に来られ、多くの症状に向き合ってきました。ある程度はどのような経過をたどって変化していくか、改善していくかは、かなり予測はつくようになりました。とはいえ、やはり、週に一回、あるいは月に一回、一時間に満たない時間だけお会いしてヒーリングをしている場合では、当然のことですが、クライアントさんがどのような生活をされているのかわかりません。さらには、人それぞれに生活環境も違えば、元々の生まれ持った体質、性格も違います。その体質や性格によっても治療効果の現れ方が異なることになります。そのため、回復の予想をすることが難しいと言えます。

「治る、治らない」は、生活スタイルの影響をどうしてもある程度受けているわけです。病気になったのも、思考を含めて、生活スタイルの中に原因があるわけです。だからと言って生活改善に神経質にはなりすぎないことも大事です。偶然に症状が現れたり、病気になるわけではありません。必ず、原因があるのです。因縁因果というのが宇宙の法則だからです。

もちろん軽度の場合は、ヒーリングをするだけで、そのまま生活改善をしなくても良くはなります。が、治ったから良いではなく、原因がなんであったかと気づくべきだと思うのです。

40年近い長い年月を治療家として日々を過ごしました。時に驚くような回復を見せてくださる方、時に予想以上に症状が長引き回復まで手こずる方がいらっしゃいます。そのようなことがあると、人体というのは、神秘性を持ったものだと、強く思わされます。とはいえ、よほどの重症ではない限り、ほとんどの方はある程度のアドバイスを守っていただければ、まずは間違いなく健康を取り戻します。これを本質的に突き詰めていけば、ご自身の生命力のなす「御業・みわざ」であることに気づかれるでしょう。

現代医学は、随分とメカニズムがわかって来ていますが、原因をあまり顧みることなく、結果である症状を、力づくで治そうとするものです。身体は意味なく症状を作りません。深く見れば、症状の全ては身体の補正作用であり、防御作用として働きながら最善の働きをしているのです。

現代医学はそのような深い洞察を持たないがために「見失っているもの」があり、世の中に病人が溢れているとさえ言えます。その「見失っているもの」とは、誰もが持つ根源的な力、生命力なのです。生命を持っているだけに、機械のように壊れたら修理できる単純なものではありません。と言うのは、身体が起こす病気の症状には意味があるからです。この生命力というものに目を向け、その神秘性を理解して行くことこそが、とても大切なことと言えるのです。

病気になった時に、最初に考えることは「治したい」と目的を持つことです。しかしながら、病気は本質的に、自分自身に気づきを促している身体からのメッセージなのです。そのため近頃は、症状の意味も理解することなく、単純にヒーリングをして簡単に症状を取り除いてしまうことが、ご本人のために良いことかどうなのか、と思うことさえあります。

この本をお読みいただいたからには、是非ともご自身の身体の声に耳を傾け、自分自身のあり方、生き方を問い直すために起こっているのが病気である、という理解もお持ち頂きたいのです。この理解を持ち、自分自身の内からのメッセージを活かして生きていれば、どなたの人生も間違いのない素晴らしいものになっていくのではないかと私は思うようになりました。

真癒では、ヒーラー養成のみならず、瞑想会を主催して、自身のありのままの姿を取り戻して、より良い素晴らしい人生になるように、お手伝いをさせて頂いています。真癒ヒーリングは、これからも、さらに深化をして、皆様に健康になっていただき、生命を輝かせ、幸福に日々を過ごしていただけるお手伝いのできる存在になりたいと考えております。

最後までお読みいただき、ありがとうございました。ご縁を頂き、この書を手にとって下さった皆様のご健勝を心より祈りつつ筆をおきます。

荒尾　和秀

◇著者プロフィール

荒尾 和秀（あらお かずひで）

昭和 33 年（1958）和歌山県生れ。ヒーラー、鍼灸師。
近畿大学卒業。東京衛生学園卒業。
元ＹＭＣＡ健康福祉専門学校講師。
カイロプラクティック研究所勤務、米国ピアースクリニック研修を経て、26 歳で品川区に於いて仙骨療法 で開業。その後、神田、銀座に移転。イネイト療法に転向し、新大阪むつう整体院を継承。梅田に移転。
2018 年より、True Healing 真癒としてヒーリングと哲学の探求を行なっている。
ヒーラー 養成講座、ハピネス講座、瞑想講座など開催中。
【真癒】大阪市北区芝田 1-10-10　芝田グランドビル 1104
https://shinyu.me/　TEL：06-6374-5545

真癒（しんゆ）トゥルー・ヒーリング
――キリストの癒（い）やしに迫（せま）る［原因療法（げんいんりょうほう）］伸展（しんてん）の歩（あゆ）み

2021 年 4 月 2 日　初版第 1 刷発行
著　者　荒尾 和秀
発行者　小堀 英一
発行所　知玄舎
埼玉県さいたま市北区奈良町 98-7（〒 331-0822）
TEL 048-662-5469　FAX 048-662-5459
http://chigensya.jp/
発売所　星雲社（共同出版社・流通責任出版社）
東京都文京区水道 1-3-30（〒 112-0005）
TEL 03-3868-3275　FAX 03-3868-6588
印刷・製本所　中央精版印刷株式会社
絵画（写真）：WIKIMEDIA COMMOMS（パブリックドメイン）

ISBN978-4-434-28756-5